Ghidul suprem pentru prepararea de croissante fulgioase și delicioase acasă

Un ghid cuprinzător pentru a face croissante fulgioase și untoase acasă, cu 100 de rețete și tehnici ușor de urmat pentru începători și experți deopotrivă

Mădălin Ioniță

CUPRINS

Umpluturi delicioase **208**

CONCLUZIE **227**

INTRODUCERE

Ești un fan al bunătății untoase și fulgioase a cornurilor? Visezi să stăpânești arta de a face croissante în propria ta bucătărie? Nu căuta mai departe decât Ghidul suprem pentru prepararea de croissante fulgioase și delicioase acasă! Această carte de bucate este ghidul tău suprem pentru a crea croissante perfecte, de la început până la sfârșit.

Cu instrucțiuni detaliate pas cu pas, această carte vă va învăța tehnicile de a crea croissante ușoare, aerisite și pline de aromă. De la cornuri clasice cu unt la opțiuni sărate, cum ar fi cornurile cu șuncă și brânză, această carte are totul.

Dar nu este vorba doar despre cornurile în sine - această carte include și rețete pentru a vă face propriul unt de casă, precum și alte produse de patiserie franțuzești precum pain au chocolat și brioche. În plus, veți găsi sfaturi și trucuri pentru obținerea acelei texturi fulgioase perfecte și a unui produs de patiserie frumos stratificat.

Indiferent dacă ești un brutar experimentat sau abia la început, Ghidul suprem pentru prepararea de croissante fulgioase și delicioase acasă este resursa supremă pentru a obține succesul croissantului. Cu această carte de bucate, îți vei impresiona prietenii și familia cu creațiile tale delicioase și impresionante. Așa că apucă-ți sucitorul și pregătește-te să perfecționezi arta de a face croissante!

Cuvinte cheie: cornuri, produse de patiserie franțuzești, unt de casă, fulgi, coacere, tehnici, sfaturi, sărate, dulce, stratificat, unt, impresionant, rețete, ghid, final, succes, perfecțiune, detaliat, pas cu pas, clasic, șuncă și brânză, pain au chocolat, brioșă, resursă, delicioasă, joc de copt, ridică!

REȚETE DE BAZĂ

1. Croissant de bază

Produce: 10

INGREDIENTE

- ¾ cană plus 1 lingură lapte integral
- 2 lingurite drojdie instant
- 2⅔ căni de făină universală (sau făină T55), plus suplimentar pentru modelare
- 1 lingură plus 1½ linguriţă (20 grame) zahăr granulat
- 2 lingurite sare kosher
- 1 cană unt nesărat, la temperatura camerei, împărţit
- 1 ou mare

INSTRUCŢIUNI

a) Faceţi aluatul: într-un castron mediu, amestecaţi laptele şi drojdia, apoi adăugaţi făina, zahărul, sarea şi untul şi amestecaţi până se formează un aluat umplut. Întoarceţi aluatul pe o bancă curată şi frământaţi timp de 8 până la 10 minute (sau transferaţi-l într-un mixer şi frământaţi timp de 6 până la 8 minute la viteză mică) până când este omogen, elastic şi suplu.

b) Dacă frământaţi cu mâna, întoarceţi aluatul în bol. Acoperiţi cu un prosop şi lăsaţi deoparte timp de 1 oră sau până când îşi dublează volumul. (Acest timp va varia, în funcţie de temperatura din bucătărie.)

c) Întoarceţi aluatul pe o bancă curată şi apăsaţi uşor până la un pătrat de 8 inci. Înfăşuraţi cu folie de plastic şi daţi la frigider pentru 1 oră. Acesta este cunoscut sub numele de bloc de aluat.

d) Blocul de aluat şi blocul de unt trebuie să aibă o temperatură şi consistenţă similare, aşa că răcirea este esenţială.

e) După 30 de minute de răcire al blocului de aluat, puneţi restul de ¾ de cană (170 de grame) de unt pe o bucată de hârtie de copt. Acoperiţi cu o foaie suplimentară de hârtie de pergament şi folosiţi un sucitor şi o racletă de plastic pentru a forma untul într-un dreptunghi de 6 pe 8 inci. Glisaţi pachetul de hârtie de copt pe o foaie de copt şi transferaţi-l la frigider pentru 15 până la 20 de minute, până când este ferm, dar flexibil. Ar trebui să puteţi îndoi pachetul fără ca acesta să se rupă în cioburi.

f) Pune blocul de unt deoparte pe banca ta în timp ce modelezi aluatul. Acest lucru va asigura că este temperatura corectă (nu prea rece) înainte de încorporare. Pudrați-vă banca și partea superioară a aluatului cu făină și rulați blocul de aluat într-un dreptunghi de 9 pe 13 inci. Îndepărtează excesul de făină. Desfaceți untul și răsturnați-l pe centrul aluatului, astfel încât marginile acestuia să se întâlnească aproape cu părțile laterale ale blocului de aluat. Îndoiți porțiunile de sus și de jos de aluat peste blocul de unt, întâlnindu-se în centru. Strângeți bine cusăturile centrale și de la capăt închise. Temperatura este crucială, așa că lucrați rapid.

g) Pudrați-vă banca cu făină și rotiți aluatul astfel încât cusătura centrală să fie îndreptată spre tine. Întindeți aluatul, folosind o mișcare înainte și înapoi, pentru a crea un dreptunghi de 7 pe 21 inci, lucrând cu atenție, astfel încât untul să nu scape din aluat. Dacă iese untul, prindeți aluatul în jurul lui pentru a-l acoperi și pudrați cu făină. Îndepărtați excesul de făină înainte de a plia.

h) Îndoiți treimea superioară a aluatului spre centru, apoi îndoiți treimea inferioară a aluatului peste centru pentru a crea un pliu cu litere. Îndepărtează excesul de făină.

i) Înfășurați aluatul în folie de plastic și lăsați-l la rece timp de 30 de minute.

j) Repetați pasul 6, începând cu marginea îndoită a aluatului pe partea stângă, rulând aluatul într-un dreptunghi de 7 pe 21 de inci și creând un pliu cu litere. Înfășurați din nou aluatul și lăsați-l la rece timp de 45 de minute.

k) Repetați acest pas încă o dată, apoi înfășurați aluatul și lăsați-l la rece cel puțin 1 oră sau peste noapte.

l) Modelați și coaceți: Tapetați o tavă de copt cu hârtie de copt.

m) Pudrați-vă banca cu făină și rulați aluatul într-un dreptunghi de ¼ inch grosime, aproximativ 9 pe 20 inci.

n) Utilizați un cuțit de toaletă pentru a marca secțiuni de 4 inci pe lungimea părții lungi. Utilizați un cuțit de bucătar pentru a tăia dreptunghiul la semnele de 4 inci, creând cinci secțiuni de 4 pe 9 inci. Înjumătățiți fiecare dintre aceste secțiuni în diagonală pentru a crea un total de 10 triunghiuri.

o) Întindeți ușor partea de jos a fiecărui triunghi pentru a-l alungi puțin.

p) Începând cu partea lungă, rulați triunghiurile pentru a crea o formă de croissant.

q) Când aproape ați ajuns la capătul ruloului, trageți puțin vârful pentru a-l alungi și înfășurați-l în jurul croissantului, ciupind ușor pentru a sigila. Așezați fiecare croissant pe foaia de copt pregătită cu vârfurile în partea de jos pentru a nu se deschide în timpul licerii și coacerii. Distați-le la câțiva centimetri unul de celălalt.

r) Acoperiți tava cu folie de plastic și lăsați-o deoparte la temperatura camerei timp de 1½ până la 2½ ore. (Această perioadă de timp va varia, în funcție de temperatura bucătăriei dvs., dar temperatura ideală este de 75 °F până la 80 °F.) Se înregistrează până când ajunge la o consistență de marshmallow și o creștere a volumului. Dacă înțepați aluatul, acesta ar trebui să se întoarcă ușor înapoi, lăsând o adâncitură.

s) După 1 oră de fermentare, preîncălziți cuptorul la 400°F.

t) Într-un castron mic, bate oul cu un strop de apă și folosește o pensulă de patiserie pentru a unge glazura peste cornuri. Perie-le încă o dată, pentru un plus de strălucire.

u) Coaceți timp de 30 până la 35 de minute până când croissantele devin maro auriu intens. Serviți cald.

2. Croissant clasice

INGREDIENTE

4 căni de făină universală

1/4 cană zahăr

1 1/2 linguriță sare

2 1/4 lingurițe drojdie instant

1 1/4 cani de lapte rece

2 linguri de unt nesarat, inmuiat

2 1/2 batoane unt nesarat, racit si taiat in felii subtiri

1 ou batut cu 1 lingura de apa

INSTRUCȚIUNI

Într-un castron mare, amestecați făina, zahărul, sarea și drojdia.

Adăugați laptele rece și 2 linguri de unt înmuiat și amestecați până se formează un aluat umplut.

Întoarceți aluatul pe o suprafață tapetă cu făină și frământați aproximativ 10 minute până când este omogen și elastic.

Puneți aluatul într-un castron ușor uns cu ulei, acoperiți cu folie de plastic și lăsați-l la frigider pentru 1 oră.

Pe o suprafață cu făină, rulați feliile de unt răcite într-un dreptunghi. Îndoiți aluatul peste unt și prindeți marginile.

Întindeți aluatul și untul într-un dreptunghi lung. Îndoiți-l în treimi, ca o scrisoare.

Întindeți din nou aluatul și repetați procesul de pliere de încă două ori. Răciți aluatul timp de 30 de minute.

Întindeți aluatul pentru ultima dată într-un dreptunghi mare, apoi tăiați-l în triunghiuri.

Rulați fiecare triunghi în sus, începând de la capătul larg și modelați o semilună.

Așezați cornurile pe o tavă de copt tapetată, ungeți cu spălat de ou și lăsați să crească timp de 1 oră.

Preîncălziți cuptorul la 400°F (200°C) și coaceți cornurile timp de 20-25 de minute până când se rumenesc.

3. <u>Croissant de pâine cu pene</u>

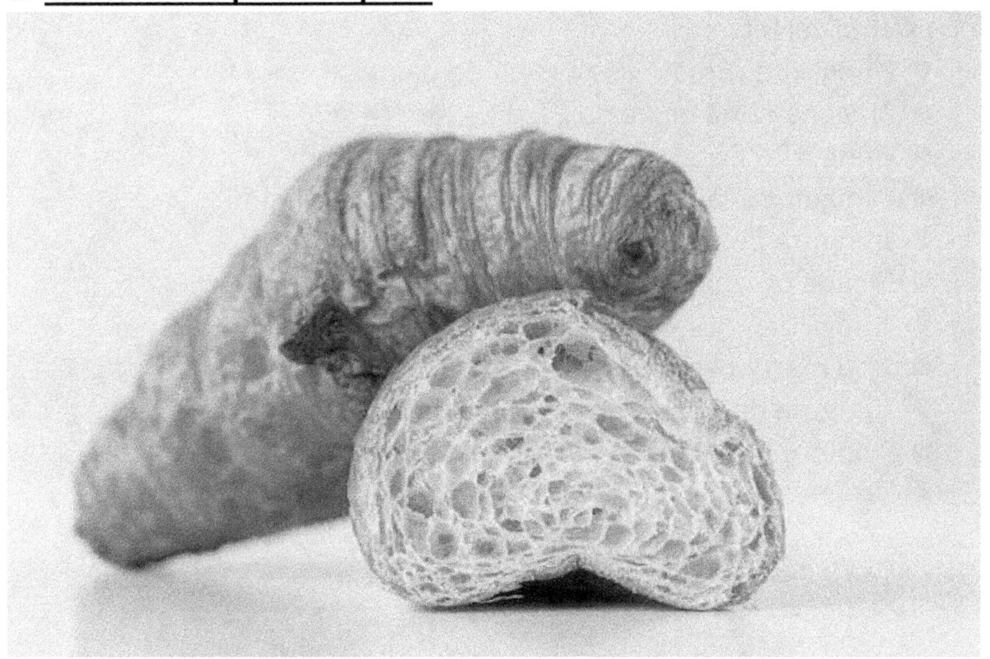

Face: 1 porție

INGREDIENTE

- 2 lingurite drojdie de masina de paine
- 2¼ cană făină universală
- 2 lingurite Sare
- 2 linguri de lapte uscat instantaneu fără grăsimi
- 1 lingura de zahar
- ⅞ cană de apă
- 4 uncii de unt nesarat
- 1 ou mare; bătut cu
- 1 lingura de apa; pentru geamuri
- 3 batoane (1,45 uncii) de ciocolată semidulce

INSTRUCȚIUNI

a) Adăugați drojdia, făina, sarea, substanțele uscate din lapte, zahărul și apa în tava mașinii de pâine și puneți-le în mașină. Procesați INGREDIENTEle pe setarea aluatului până când sunt bine încorporate, fără INGREDIENTE uscate agățate de părțile laterale ale tavii, aproximativ 10 minute la majoritatea mașinilor.

b) După ce aluatul a fost amestecat, opriți mașina și lăsați aluatul să crească în aparat până se dublează, aproximativ 1 oră și jumătate.

c) Între timp, puneți batonul de unt între 2 straturi de folie de plastic sau hârtie cerată. Cu degetele, aplatizați și modelați untul într-un pătrat de 6 inci, care are aproximativ ⅓ inch grosime. Răciți timp de cel puțin 15 minute. Untul trebuie să fie de consistența shorteningului vegetal atunci când îl folosiți. Daca este prea tare, va rupe aluatul; dacă este prea moale, va curge pe părțile laterale. Încălzește-l sau răcește-l corespunzător.

d) Când aluatul și-a dublat volumul, îl răsturnăm pe o suprafață bine făinată. Cu mâinile înfăinate, presați aluatul într-un pătrat de 13 inci. Desfaceți untul răcit și puneți-l în diagonală în centrul pătratului de aluat. Aduceți colțurile aluatului peste unt pentru a se întâlni în centru (va arăta ca un plic). Apăsați centrul și marginile aluatului pentru a se aplatiza și a sigila în unt.

e) Folosind un sucitor ușor înfăinat, rulați aluatul într-un dreptunghi de 18 x 9 inci. Nu apăsați prea ferm. Dacă o faci, untul va curge sau aluatul se va rupe (dacă se rupe, doar ciupiți pentru a petice). Îndoiți un capăt de 9 inci al dreptunghiului de aluat peste treimea centrală a aluatului. Îndoiți aceasta peste treimea rămasă.

f) Întindeți din nou aluatul într-un dreptunghi de 18 x 9 inci. Îndoiți-l ca înainte pentru a forma cele 3 straturi și puneți-l într-o pungă de plastic sau înfășurați lejer în folie de plastic. Dați aluatul la rece timp de 30 de minute, apoi repetați procesul de rulare, pliere și răcire de încă două ori.

g) Dați aluatul la frigider peste noapte după ultima pliere.

h) Pentru a tăia și a modela cornurile, tăiați aluatul în jumătate. Înveliți o jumătate în plastic și puneți-o înapoi la frigider în timp ce lucrați cu cealaltă jumătate. Întindeți aluatul pe o suprafață ușor înfăinată până la un cerc de 13 inci.

i) Tăiați-o în 6 felii. Trageți ușor baza fiecărei pane la o lățime de aproximativ 6 inchi și lungimea fiecărei pane la aproximativ 7 inci. Începând de la bază, rulați pana. Puneți croissantul, vârful dedesubt, pe o tavă de copt rezistentă.

j) Curbați și aduceți punctele de bază spre centru pentru a forma o semilună. Rulați și modelați toate cornurile, așezându-le la 2 centimetri unul de celălalt pe tava de copt.

k) Ungeți ușor croissantele cu glazura de ouă. Apoi, lăsați-le să crească într-un loc cald până când sunt ușoare și umflate, aproximativ 1 oră și jumătate. Între timp, preîncălziți cuptorul la 400F. Ungeți cornurile cu glazura de ou încă o dată chiar înainte de a le pune la cuptor. Coaceți timp de 15 minute, sau până când sunt aurii. Scoateți croissantele de pe tava pentru a se răci pe un gratar. Serviți cald, cu dulceață sau umplutura preferată de sandvici.

l) Pregătiți aluatul pentru croissant conform instrucțiunilor.

m) După ce o tăiați în jumătate, rulați fiecare jumătate într-un dreptunghi de 14 x 12 inci pe o suprafață ușor înfăinată. Tăiați fiecare jumătate în șase dreptunghiuri de 7 x 4 inci.

n) Despărțiți trei batoane de 1,45 uncii de ciocolată semidulce sau neagră pentru a face 12 dreptunghiuri, fiecare de aproximativ 3 x 1 ½ inci. Puneți o bucată de ciocolată pe lungime de-a lungul unui capăt scurt al fiecărei bucăți de aluat. Rotiți pentru a închide ciocolata complet și apăsați marginile pentru a sigila. Puneți cornurile, cu cusătura în jos, pe o tavă mare de copt.

o) Continuați cu glazura și coaceți conform instrucțiunilor.

4. <u>Croasante de grânar</u>

Face: 1 porție

INGREDIENTE

- ¼ de litru de apă caldă
- 7 uncii lapte condensat parțial degresat neîndulcit
- 1 uncie drojdie uscată
- 2 uncii unt nesărat; topit
- 1 kg de făină de grânar
- Putina sare
- 3 uncii de floarea soarelui sau margarina de soia
- Lapte pentru glazură

INSTRUCȚIUNI

a) Se amestecă apa cu laptele evaporat, apoi se sfărâmă în drojdia proaspătă sau se amestecă drojdia uscată.

b) Adăugați untul. Se cerne făina cu sarea într-un vas mare, reîntorcând boabele din sită în făina din vas.

c) Frecați margarina în făină până când amestecul seamănă cu pesmet.

d) Faceți un godeu în centrul făinii, turnați amestecul de drojdie și amestecați bine.

e) Puneți aluatul pe o suprafață ușor făinată și frământați timp de 3 minute.

f) Aluatul se pune înapoi în bol, se acoperă cu un prosop umed și se lasă la crescut într-un loc cald timp de aproximativ 30 de minute, până când își dublează volumul.

g) Dacă temperatura camerei este rece, creșterea poate fi accelerată folosind un cuptor cu microunde: puneți la microunde aluatul acoperit într-un recipient rezistent la microunde la putere maximă timp de 10 secunde. Lăsați aluatul să se odihnească timp de 10 minute, apoi repetați procesul de două ori.

h) Întoarceți jumătate din aluatul crescut pe o suprafață ușor înfăinată și rulați într-un cerc de aproximativ 5 mm (¼ inch) grosime. Cu un cuțit ascuțit, tăiați aluatul în opt segmente triunghiulare. Lucrând de la marginea exterioară, rulați fiecare segment în mijloc. Îndoiți fiecare bucată într-o semilună și puneți-o pe o tavă de copt unsă ușor cu ulei.

i) Acoperiți cu un prosop și lăsați să își dubleze volumul.

j) Între timp, preîncălziți cuptorul la Gas Mark 5/190C/375 F. Repetați procesul de modelare cu cealaltă jumătate de aluat.

k) Alternativ, lăsați aluatul rămas acoperit la frigider timp de până la 4 zile și folosiți-l când sunt necesare croissante proaspete.

l) Când cornurile și-au dublat volumul, glazurați-le cu lapte și coaceți la cuptor pentru 15-20 de minute până se umflă și devin aurii.

CROSSANTE DE CIOCOLATA

5. <u>Croissant cu ciocolată</u>

Face: 24 porții

INGREDIENTE

- 1½ cană de unt sau margarină, înmuiată
- ¼ cană făină universală
- ¾ cană lapte
- 2 linguri de zahăr
- 1 lingurita Sare
- ½ cană apă foarte caldă
- 2 pachete drojdie uscată activă
- 3 căni de făină, necernută
- 12 uncii Chips de ciocolată
- 1 galbenus de ou
- 1 lingura de lapte

INSTRUCȚIUNI

a) Cu lingura, bate untul, ¼ cana faina pana se omogenizeaza. Întindeți pe hârtie cerată într-un dreptunghi 12x6. Se pune la frigider. Se încălzește ¾ de cană de lapte; se amestecă 2 linguri de zahăr, sare pentru a se dizolva.

b) De la rece până la călduț. Stropiți apă cu drojdie; se amestecă pentru a se dizolva. Cu lingura, bate amestecul de lapte si 3 cani de faina pana se omogenizeaza.

c) Puneți cârpa de patiserie ușor înfăinată; framanta pana se omogenizeaza. Se lasa sa creasca, acoperit, la loc caldut, fara curenti de aer, pana se dubleaza -- aproximativ 1 ora. Dă la frigider ½ oră.

d) Pe o cârpă de patiserie înfăinată ușor, rulați în dreptunghi de 14x14.

e) Puneți amestecul de unt pe jumătate din aluat; îndepărtați hârtia. Îndoiți cealaltă jumătate peste unt; ciupiți marginile pentru a sigila. Cu pliul în dreapta, rulați din centru la 20x8.

f) Din partea scurtă, îndoiți aluatul în treimi, făcând 3 straturi; etanșare marginile; se da la rece 1 ora invelit in folie. Cu pliul la stânga, rulați la 20x8; pliază; se răcește ½ oră. Repeta.

g) Răciți peste noapte. A doua zi, rostogolește; pliază de două ori; se răcește ½ oră între ele. Apoi se răcește încă 1 oră.

h) Pentru modelare: tăiați aluatul în 4 părți. Pe o cârpă de patiserie înfăinată ușor, rulați fiecare într-un cerc de 12 inchi. Tăiați fiecare cerc în 6 felii.

i) Presărați felii cu chipsuri de ciocolată - aveți grijă să lăsați o marjă de ½ inch de jur împrejur și să nu umpleți prea mult cu chipsuri. Rulați începând de la capătul larg. Se formează o semilună. Puneți cu partea în jos, la 2" una de cealaltă, pe hârtie maro, pe o foaie de biscuiți.

j) Acoperi; se lasa la crescut la loc caldut, fara curenti de aer pana se dubleaza, 1 ora.

k) Se incinge cuptorul la 425. ungeti cu amestec de galbenusuri de ou batute in 1 lingura de lapte. Coaceți 5 minute, apoi reduceți cuptorul la 375; Coaceți încă 10 minute sau până când croissantele sunt umflate și rumenite.

l) Se răcește pe grătar timp de 10 minute.

6. Croasante cu ecler cu banane

Face: 4 portii

INGREDIENTE

- 4 croissante congelate
- 2 pătrate de ciocolată semidulce
- 1 lingura de unt
- ¼ cană zahăr praf cernut
- 1 lingurita apa fierbinte; pana la 2
- 1 cană budincă de vanilie
- 2 banane medii; feliate

INSTRUCȚIUNI

a) Tăiați cornurile congelate în jumătate pe lungime; plecați împreună. Încălziți croissantele congelate pe o foaie de copt neunsă la 325°F preîncălzită. cuptor 9-11 minute.

b) Topiți ciocolata și untul împreună. Se amestecă zahărul și apa pentru a face glazură tartinabilă.

c) Întindeți ¼ de cană de budincă pe fiecare jumătate inferioară de croissant. Acoperiți cu banane tăiate felii.

d) Înlocuiți blaturile de croissant; se stropesc glazura de ciocolata.

e) Servi.

7. Budincă de pâine Croissant cu malț cu ciocolată neagră

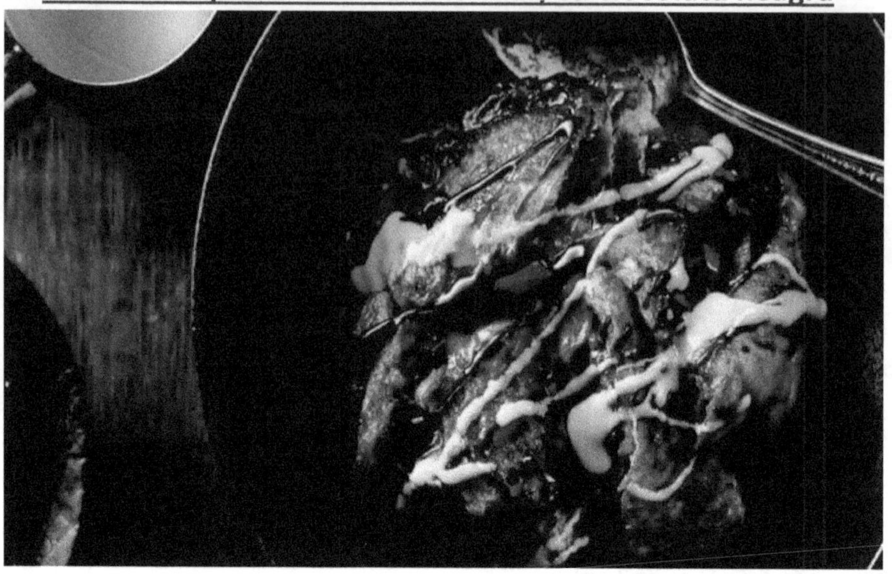

INGREDIENTE

6 croissante mari, de preferință vechi de o zi
3 cani de lapte integral
1 cană smântână groasă
1/2 cană zahăr granulat
4 ouă mari
2 lingurite extract de vanilie
1/4 lingurita sare
1/2 cană chipsuri de ciocolată neagră
1/4 cana lapte praf maltat
Frisca, pentru servire (optional)

INSTRUCȚIUNI

Preîncălziți cuptorul la 350°F. Ungeți cu unt o tavă de copt de 9 x 13 inci.

Tăiați cornurile în bucăți mici și puneți-le în vasul de copt pregătit.

Într-un castron mare, amestecați laptele, smântâna, zahărul, ouăle, extractul de vanilie, sarea și laptele praf de malț până se combină bine.

Turnați amestecul peste cornuri, asigurându-vă că lichidul este distribuit uniform.

Presărați chipsurile de ciocolată neagră deasupra budincii de pâine.

Acoperiți tava de copt cu folie de aluminiu și coaceți timp de 35 de minute.

Scoateți folia și continuați să coaceți încă 15-20 de minute, sau până când budinca de pâine este întărită și blatul este maro auriu.

Lăsați budinca de pâine să se răcească câteva minute înainte de servire. Acoperiți cu frișcă, dacă doriți.

8. <u>Croissant cu migdale și ciocolată Éclairs</u>

INGREDIENTE

Pentru Pâte à Choux:

1/2 cană apă
1/2 cană lapte integral
1/2 cana unt nesarat, taiat cubulete
1/2 lingurita sare
1 lingurita zahar
1 cană de făină universală
4 ouă mari, la temperatura camerei
Pentru umplutura de ciocolata cu migdale:

1 cană smântână groasă
1 cană chipsuri de ciocolată semidulce
1/2 cană unt de migdale
Pentru glazura de ciocolata:

1/2 cană chipsuri de ciocolată semidulce
2 linguri de unt nesarat
1 lingura sirop de porumb

INSTRUCȚIUNI

Preîncălziți cuptorul la 375°F. Tapetați o foaie de copt cu hârtie de copt.

Într-o cratiță medie, combinați apa, laptele, untul, sarea și zahărul.

Se încălzește la foc mediu până când untul s-a topit și amestecul ajunge la fiert.

Adăugați făina dintr-o dată și amestecați energic cu o lingură de lemn până când amestecul formează o minge și se smulge de pe părțile laterale ale cratiței.

Se ia tigaia de pe foc si se lasa la racit 5 minute.

Adaugam ouale pe rand, batand bine dupa fiecare adaugare, pana cand amestecul devine omogen si lucios.

Puneți o pungă de patiserie cu vârf rotund mare și umpleți cu aluat choux.

Puneți aluatul pe foaia de copt pregătită, formând éclair lungi de 6 inci.

Coaceți timp de 25-30 de minute, sau până când devine maro auriu și umflat.

Scoatem din cuptor si lasam sa se raceasca complet.

Într-o cratiță medie, încălziți smântâna groasă până se fierbe.

Luați de pe foc și adăugați fulgii de ciocolată și untul de migdale. Se amestecă până când ciocolata se topește și amestecul este omogen.

Tăiați o fante mică în partea de jos a fiecărui éclair și introduceți umplutura în centru.

Într-o cratiță mică, topește fulgii de ciocolată, untul și siropul de porumb la foc mic, amestecând continuu, până se omogenizează.

Înmuiați partea superioară a fiecărui éclair în glazura de ciocolată și puneți-l pe un grătar pentru a se fixa.

Opțional: stropiți cu migdale feliate.

9. <u>Croissant cu capsuni acoperite cu ciocolata</u>

INGREDIENTE

6 cornuri
1/2 cană dulceață de căpșuni
1/2 cană chipsuri de ciocolată semidulce
1 lingura unt nesarat
1/4 cană smântână groasă
Căpșuni proaspete, feliate (opțional)
INSTRUCȚIUNI
Preîncălziți cuptorul la 375°F.
Tăiați fiecare croissant în jumătate pe lungime.
Întindeți 1-2 linguri de dulceață de căpșuni pe jumătatea inferioară a fiecărui croissant.

Înlocuiți jumătatea superioară a fiecărui croissant și puneți-le pe o tavă de copt.

Coaceți timp de 10-12 minute, sau până când cornurile sunt ușor aurii.

Într-o cratiță mică, topește fulgii de ciocolată, untul și smântâna groasă la foc mic, amestecând constant, până se omogenizează.

Scoateți croissantele din cuptor și lăsați să se răcească câteva minute.

Înmuiați vârful fiecărui croissant în amestecul de ciocolată, lăsând excesul să se scurgă.

Puneți cornurile acoperite cu ciocolată pe un grătar pentru a se răci și a se întări.

Opțional: Acoperiți cu felii de căpșuni proaspete înainte de servire.

10. <u>Croissant de ciocolata</u>

INGREDIENTE

Aluat de bază pentru croissant (vezi reţeta de mai sus)
6 uncii de ciocolată semidulce, tocată
1 ou batut cu 1 lingura de apa
INSTRUCŢIUNI

Întindeţi aluatul pentru croissant într-un dreptunghi mare.

Tăiaţi aluatul în triunghiuri.

Pune o mână mică de ciocolată tocată la capătul lat al fiecărui triunghi.

Rulaţi fiecare triunghi în sus, începând de la capătul larg şi modelaţi o semilună.

Aşezaţi cornurile pe o tavă de copt tapetată, ungeţi cu spălat de ou şi lăsaţi să crească timp de 1 oră.

Preîncălziţi cuptorul la 400°F (200°C) şi coaceţi cornurile timp de 20-25 de minute până când se rumenesc.

11. <u>Croasante cu pâine şi unt cu toblerone</u>

Face: 4 portii

INGREDIENTE

- 1 cană smântână de turnat
- 2 linguri de zahar tos
- 1 lingurita extract de vanilie
- 100 g ciocolată cu lapte Toblerone, ruptă în bucăți
- 6 mini croissante Coles Bakery
- 2 oua
- 16 zmeură congelată
- Zahăr pudră, până la praf, opțional

INSTRUCȚIUNI

a) Preîncălziți cuptorul la 180C/160C forțat cu ventilator. Ungeți patru vase de 250 ml rezistente la cuptor.

b) Bateți smântâna, zahărul tos, vanilia și ouăle într-o cană mare.

c) Tăiați fiecare croissant în jumătate pe orizontală și apoi pe jumătate transversal.

d) Așezați cornurile în preparatele pregătite.

e) Se toarnă peste amestecul de ouă și se lasă deoparte 10 minute la macerat.

f) Puneți ciocolata și zmeura deasupra și între feliile de croissant.

g) Coaceți timp de 25 de minute sau până când devin aurii și se întăresc. Pudrați cu zahăr pudră, dacă doriți.

12.   <u>Croissant Toblerone</u>

Produce: 4

- 4 cornuri
- 125 g cremă de brânză philadelphia tartinabilă
- 100 g ciocolata toblerone cu lapte, tocata grosier

a) Tăiaţi cornurile pe orizontală cu un cuţit ascuţit. Ungeţi jumătatea inferioară a croissantelor cu Philly.

b) Se presara cu Toblerone. Închideţi capacul. Înfăşuraţi croissantul în folie.

c) Coaceţi la 150°C timp de 10 minute sau până se încălzeşte.

13. <u>Croissant cu Nutella și Banane</u>

INGREDIENTE

1 foaie de aluat foietaj, decongelat
1/4 cană Nutella
1 banană, feliată subțire
1 ou, batut
Zahăr pudră, pentru pudrat

INSTRUCȚIUNI

Preîncălziți cuptorul la 400°F (200°C).
Pe o suprafață ușor înfăinată, întindeți foaia de foietaj până la un pătrat de 12 inchi.
Tăiați pătratul în 4 pătrate mai mici.
Întindeți câte o lingură de Nutella pe fiecare pătrat, lăsând un mic chenar în jurul marginilor.
Puneți câteva felii de banană deasupra Nutella.
Rulați fiecare pătrat dintr-un colț în colțul opus, formând o formă de croissant.
Asezati croissantele pe o tava tapetata cu hartie de copt.
Ungeți croissantele cu oul bătut.
Coaceți timp de 15-20 de minute, până când cornurile sunt aurii și umflate.
Pudrați cu zahăr pudră înainte de servire.

14. <u>S'mores Croissants</u>

INGREDIENTE

1 foaie de aluat foietaj, decongelat
1/4 cană Nutella
1/4 cană mini marshmallows
1/4 cană firimituri de biscuiți Graham
1 ou, batut
Zahăr pudră, pentru pudrat

INSTRUCȚIUNI

Urmați instrucțiunile pentru Nutella și Croissant cu banane (Rețeta 1), dar înlocuiți banana feliată cu mini marshmallows și pesmet de biscuit graham. Pudrați cu zahăr pudră înainte de servire.

SANDWICHES CROISSANT

15. <u>Sandvișuri cu croissante pentru micul dejun</u>

INGREDIENTE

- 1 lingura ulei de masline
- 4 oua mari, batute usor
- Sare kosher și piper negru proaspăt măcinat, după gust
- 8 mini cornuri, tăiate la jumătate pe orizontală
- 4 uncii șuncă feliată subțire
- 4 felii de brânză cheddar, tăiate la jumătate

Directii

a) Încinge uleiul de măsline într-o tigaie mare la foc mediu-mare. Adăugați ouăle și gătiți, amestecând ușor cu o spatulă de silicon sau termorezistentă, până când încep să se întărească; se asezoneaza cu sare si piper. Continuați să gătiți până când se îngroașă și nu mai rămâne ou lichid vizibil, 3 până la 5 minute.

b) Umpleți croissantele cu ouă, șuncă și brânză pentru a face 8 sandvișuri. Înfășurați bine în folie de plastic și congelați până la 1 lună.

c) Pentru a reîncălzi, îndepărtați folia de plastic dintr-un sandviș congelat și înfășurați-l într-un prosop de hârtie. Pune la microunde, răsturnând la jumătate, timp de 1 până la 2 minute, până când se încălzește complet.

16. Croiwaffle cu Guacamole

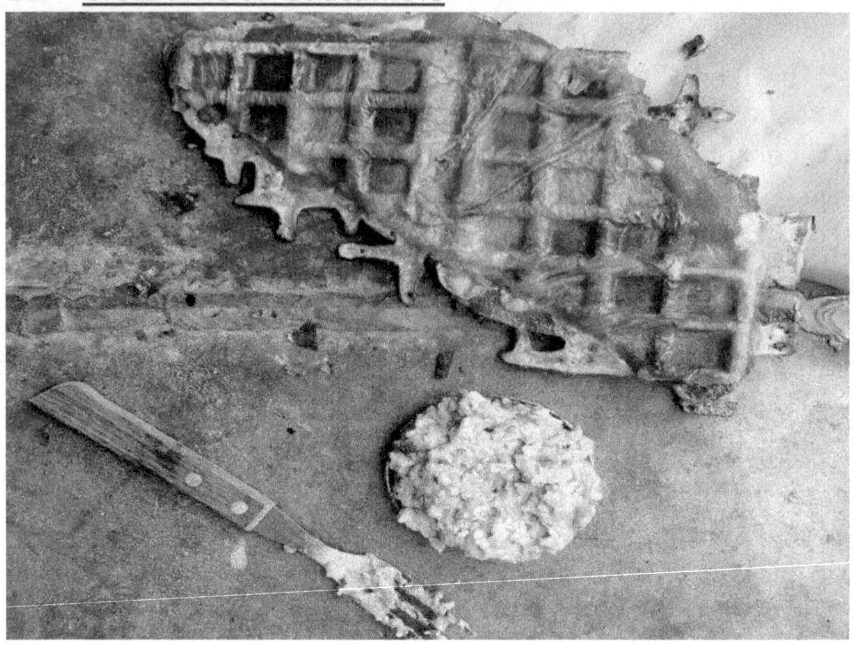

Produce: 1

INGREDIENTE

- 1 croissant
- Unt
- ⅔ cană brânză cheddar
- 3 felii Salam
- Guacamole

INSTRUCȚIUNI

a) Tăiați croissantul în jumătate și aplicați unt pe ambele părți.

b) Rade o cantitate substanțială de brânză pe o parte și adaugă câteva felii de salam.

c) Peste salam se rade mai mult cașcaval și deasupra se pune cealaltă jumătate de croissant.

d) Puneți croissantul în fierul de vafe la setarea cea mai scăzută.

e) Între timp, faceți guacamole.

f) Pentru o crustă extra-brânzoasă, scoateți vafa din fierul de vafe chiar înainte să se termine de gătit.

g) Presărați niște brânză în fierul de vafe, puneți vafa deasupra și presărați niște brânză suplimentară deasupra.

h) Gatiti pana ce stratul exterior de branza devine maro auriu.

i) Serviți cu cât guacamole doriți.

croissant

17. <u>Croissant clasic de bacon, ou şi brânză</u>

INGREDIENTE

2 croissante mari
4 felii de bacon
2 ouă mari
2 felii de brânză cheddar
2 linguri de unt nesarat
Sare si piper, dupa gust

INSTRUCȚIUNI

Preîncălziți cuptorul la 350°F.

Gatiti baconul intr-o tigaie la foc mediu pana devine crocant. Scoateți din tavă și scurgeți-l pe o farfurie tapetată cu un prosop de hârtie.

Spargeți ouăle într-un castron mic și bateți cu o furculiță până se amestecă.

Într-o tigaie antiaderentă, topește 1 lingură de unt la foc mediu-mic. Adăugați ouăle și gătiți, amestecând din când în când, până când sunt amestecate și fierte. Se condimenteaza cu sare si piper, dupa gust.

Tăiați cornurile în jumătate pe lungime și puneți-le pe o tavă de copt.

Adăugați o felie de brânză cheddar pe o jumătate din fiecare croissant.

Acoperiți brânza cu 2 felii de slănină și o linguriță de ouă omletă.

Închideți croissantul cu cealaltă jumătate și ungeți blaturile cu lingura de unt rămasă.

Coaceți în cuptorul preîncălzit timp de 5-7 minute, sau până când brânza se topește și cornurile sunt încălzite.

Servește fierbinte și bucură-te de deliciosul tău croissant de bacon, ou și brânză!

18.   <u>Chifle lipicioase cu portocale, migdale</u>

INGREDIENTE

Pentru umplutura de chifle lipicioase:

1/2 cană unt nesărat, înmuiat

1/2 cană zahăr granulat

1/2 cană zahăr brun deschis

1/4 cană miere

1/2 lingurita sare

1 lingurita extract de vanilie

1/2 lingurita extract de migdale

1/2 cană migdale feliate

2 linguri coaja de portocala

Pentru aluatul de croissant:

1 kg aluat de croissant

Făină pentru praf

INSTRUCȚIUNI

Preîncălziți cuptorul la 375°F.

Într-un castron mediu, bateți untul înmuiat, zahărul granulat, zahărul brun deschis, mierea, sarea, extractul de vanilie și extractul de migdale până la omogenizare.

Se amestecă migdalele feliate și coaja de portocală.

Pe o suprafață ușor înfăinată, întindeți aluatul pentru croissant într-un dreptunghi mare, de aproximativ 1/4 inch grosime.

Întindeți uniform umplutura de chiflă lipicioasă peste aluatul de croissant.

Începând din partea lungă, rulați aluatul strâns într-un buștean.

Folosind un cuțit ascuțit, tăiați bușteanul în 12 bucăți egale.

Puneți bucățile, tăiate în sus, într-o tavă pătrată de copt de 9 inci unsă.

Coaceți timp de 25-30 de minute, sau până când chiflele sunt aurii și umplutura este spumoasă.

Scoatem din cuptor si lasam sa se raceasca 5-10 minute.

Răsturnați chiflele lipicioase pe un platou mare de servire.

Serviți cald și bucurați-vă de delicioasele chifle lipicioase cu croissant cu portocale și migdale!

19. <u>Croissant cu salată de fructe de mare</u>

INGREDIENTE

1/2 kg de creveți fierți, curățați și devenați
1/2 kilogram de carne de crab fiartă
1/2 cană maioneză
2 linguri smantana
1 lingură muștar de Dijon
1 lingura suc de lamaie
1 lingură mărar proaspăt tocat
1 lingura arpagic proaspat tocat
Sare si piper, dupa gust
4 cornuri
Frunze de salata verde
Roșii tăiate felii (opțional)

INSTRUCȚIUNI

Într-un castron mediu, combinați creveții fierți și carnea de crab.

Într-un castron separat, amestecați maioneza, smântâna, muștarul de Dijon, sucul de lămâie, mărarul, arpagicul, sarea și piperul până la omogenizare.

Se toarnă dressingul peste fructele de mare și se amestecă.

Tăiați cornurile în jumătate pe lungime.

Așezați frunzele de salată verde și roșiile feliate (dacă folosiți) pe jumătatea inferioară a fiecărui croissant.

Puneti salata cu fructe de mare peste salata verde si rosii.

Înlocuiți jumătatea superioară a fiecărui croissant.

Servește și bucură-te de delicioasele tale croissante cu salată de fructe de mare!

20. <u>Croissant pesto de pui la grătar la plancha</u>

INGREDIENTE

2 croissante mari
2 piept de pui dezosati, fara piele
Sare si piper, dupa gust
1/4 cană pesto
4 felii de brânză mozzarella
2 linguri de unt nesarat

INSTRUCȚIUNI

Preîncălziți un grătar sau o tigaie pentru grătar la foc mediu-mare.
Condimentam pieptul de pui cu sare si piper.
Pieptul de pui la grătar timp de 6-8 minute pe fiecare parte sau până când este fiert.
Tăiați cornurile în jumătate pe lungime.
Întindeți 1-2 linguri de pesto pe fiecare jumătate de cornuri.
Pune o felie de brânză mozzarella pe o jumătate din fiecare croissant.
Acoperiți brânza cu un piept de pui la grătar.
Închideți croissantul cu cealaltă jumătate.
Topiți 1 lingură de unt într-o tigaie antiaderentă sau pe o plancha la foc mediu.
Pune cornurile pe tigaie sau plancha și gătește 2-3 minute pe fiecare parte, sau până când brânza se topește și cornurile sunt crocante și aurii.
Scoateți din tigaie sau plancha și lăsați să se răcească pentru un mlnut.
Servește și bucură-te de deliciosul tău Croissant pesto de pui la grătar a La Plancha!

21. <u>Şuncă caldă gourmet şi brânză</u>

INGREDIENTE

2 croissante mari
4 felii de sunca
4 felii de brânză elvețiană
1 lingură muștar de Dijon
1 lingura miere
1 lingura unt nesarat
Pătrunjel proaspăt, tocat (opțional)
INSTRUCȚIUNI
Preîncălziți cuptorul la 375°F.
Tăiați cornurile în jumătate pe lungime.
Întindeți 1/2 lingură de muștar Dijon pe jumătatea inferioară a fiecărui croissant.
Acoperiți muștarul cu 2 felii de șuncă și 2 felii de brânză elvețiană.
Stropiți 1/2 lingură de miere peste brânză.
Închideți croissantul cu jumătatea de sus.
Topiți 1/2 lingură de unt într-o tigaie antiaderentă la foc mediu.
Puneți cornurile pe tigaie și gătiți 1-2 minute pe fiecare parte, sau până când brânza se topește și cornurile sunt aurii.
Transferați cornurile pe o tavă de copt.
Coaceți în cuptorul preîncălzit timp de 5-7 minute sau până când cornurile sunt încălzite.
Scoatem din cuptor si lasam sa se raceasca un minut.
Presarati patrunjel tocat peste cornuri, daca folositi.
Serviți și bucurați-vă de deliciosul Croissant cu șuncă caldă și brânză Gourmet!

22.   <u>Friptură Frites Croissant cu brânză albastră</u>

INGREDIENTE

2 croissante mari
1 kilogram de friptură de flanc
Sare si piper, dupa gust
2 linguri ulei de masline
1 lingura unt nesarat
1/2 cană brânză albastră mărunțită
1 lingura patrunjel proaspat tocat (optional)
cartofi prajiti (pentru servire)

INSTRUCȚIUNI

Preîncălziți cuptorul la 375°F.

Asezonați friptura de flanc cu sare și piper.

Încinge 2 linguri de ulei de măsline într-o tigaie mare la foc mediu-mare.

Adăugați friptura în tigaie și gătiți timp de 3-4 minute pe fiecare parte sau până când este gătită la nivelul dorit.

Scoateți friptura din tigaie și lăsați-o să se odihnească câteva minute înainte de a o feli subțire împotriva bobului.

Tăiați cornurile în jumătate pe lungime.

Puneți câteva felii de friptură pe jumătatea inferioară a fiecărui croissant.

Acoperiți friptura cu brânză albastră mărunțită.

Închideți croissantul cu jumătatea de sus.

Topiți 1/2 lingură de unt într-o tigaie antiaderentă la foc mediu.

Puneți cornurile pe tigaie și gătiți 1-2 minute pe fiecare parte, sau până când brânza se topește și cornurile sunt aurii.

Transferați cornurile pe o tavă de copt.

Coaceți în cuptorul preîncălzit timp de 5-7 minute sau până când cornurile sunt încălzite.

Scoatem din cuptor si lasam sa se raceasca un minut.

Presarati patrunjel tocat peste cornuri, daca folositi.

Serviți cu cartofi prăjiți și bucurați-vă de deliciosul Croissant cu friptură cu prăjituri cu brânză albastră!

CROSSANTE NUCI

23. <u>Croissant cu fistic</u>

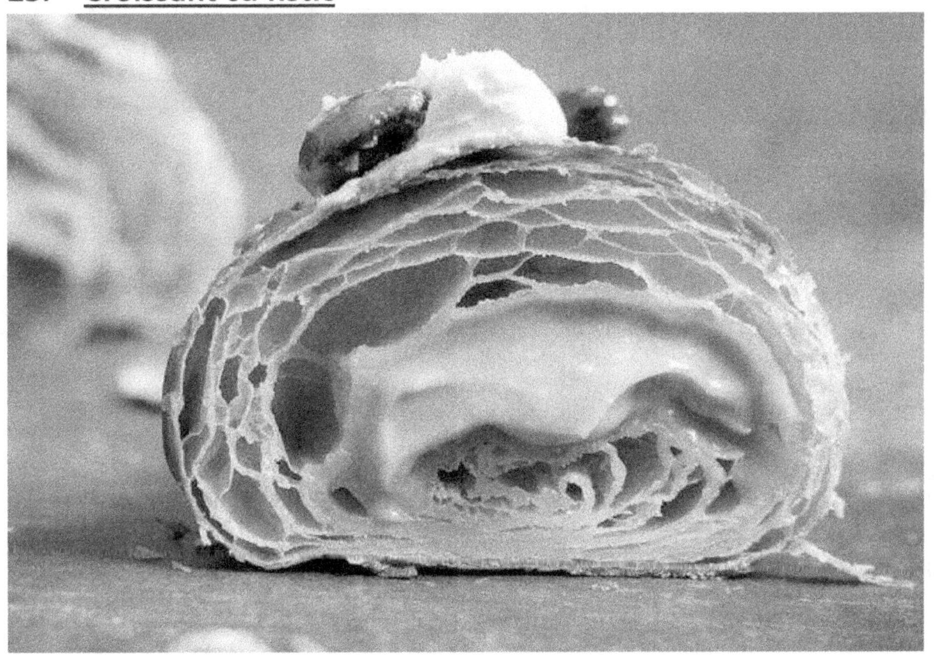

INGREDIENTE

Aluat de bază pentru croissant (vezi rețeta de mai sus)
1 cană fistic, tocat
1/4 cană zahăr granulat
1/4 cană unt nesărat, înmuiat
1 ou batut cu 1 lingura de apa
INSTRUCȚIUNI

Întindeți aluatul pentru croissant într-un dreptunghi mare.

Tăiați aluatul în triunghiuri.

Într-un castron, combinați fisticul tocat, zahărul și untul înmuiat.

Întindeți amestecul de fistic pe jumătatea inferioară a fiecărui croissant.

Înlocuiți jumătatea superioară a croissantului și apăsați ușor.

Așezați cornurile pe o tavă de copt tapetată, ungeți cu spălat de ou și lăsați să crească timp de 1 oră.

Preîncălziți cuptorul la 400°F (200°C) și coaceți cornurile timp de 20-25 de minute până când se rumenesc.

24. <u>Croissant cu ciocolata cu alune</u>

INGREDIENTE

Aluat de bază pentru croissant (vezi rețeta de mai sus)
1/2 cana alune de padure, tocate
1/2 cană chipsuri de ciocolată
1/4 cană zahăr granulat
1/4 cană unt nesărat, înmuiat
1 ou batut cu 1 lingura de apa

INSTRUCȚIUNI

Întindeți aluatul pentru croissant într-un dreptunghi mare.

Tăiați aluatul în triunghiuri.

Într-un castron, combinați alunele tocate, fulgii de ciocolată, zahărul și untul moale.

Întindeți amestecul de ciocolată cu alune pe jumătatea inferioară a fiecărui croissant.

Înlocuiți jumătatea superioară a croissantului și apăsați ușor.

Așezați cornurile pe o tavă de copt tapetată, ungeți cu spălat de ou și lăsați să crească timp de 1 oră.

Preîncălziți cuptorul la 400°F (200°C) și coaceți cornurile timp de 20-25 de minute până când se rumenesc.

25. <u>Croissante cu scorțișoară pecan</u>

INGREDIENTE

Aluat de bază pentru croissant (vezi rețeta de mai sus)
1 cană nuci pecan, tocate
1/4 cană zahăr granulat
1/4 cană unt nesărat, înmuiat
1 lingurita scortisoara
1 ou batut cu 1 lingura de apa

INSTRUCȚIUNI

Întindeți aluatul pentru croissant într-un dreptunghi mare.
Tăiați aluatul în triunghiuri.
Într-un castron, combinați nucile pecan tocate, zahărul, untul înmuiat și scorțișoara.
Întindeți amestecul de nuci pecan pe jumătatea inferioară a fiecărui croissant.
Înlocuiți jumătatea superioară a croissantului și apăsați ușor.
Așezați cornurile pe o tavă de copt tapetată, ungeți cu spălat de ou și lăsați să crească timp de 1 oră.
Preîncălziți cuptorul la 400°F (200°C) și coaceți cornurile timp de 20-25 de minute până când se rumenesc.

26. <u>Croissant cu nuci</u>

INGREDIENTE

Aluat de bază pentru croissant (vezi rețeta de mai sus)
1 cana nuci, tocate
1/4 cană zahăr granulat
1/4 cană unt nesărat, înmuiat
1 ou batut cu 1 lingura de apa
INSTRUCȚIUNI

Întindeți aluatul pentru croissant într-un dreptunghi mare.

Tăiați aluatul în triunghiuri.

Într-un castron, combinați nuca tocată, zahărul și untul moale.

Întindeți amestecul de nuci pe jumătatea inferioară a fiecărui croissant.

Înlocuiți jumătatea superioară a croissantului și apăsați ușor.

Așezați cornurile pe o tavă de copt tapetată, ungeți cu spălat de ou și lăsați să crească timp de 1 oră.

Preîncălziți cuptorul la 400°F (200°C) și coaceți cornurile timp de 20-25 de minute până când se rumenesc.

27. <u>Croissant cu nuci amestecate</u>

INGREDIENTE

Aluat de bază pentru croissant (vezi rețeta de mai sus)
1/2 cana migdale, tocate
1/2 cana alune de padure, tocate
1/2 cană nuci pecan, tocate
1/4 cană zahăr granulat
1/4 cană unt nesărat, înmuiat
1 ou batut cu 1 lingura de apa
INSTRUCȚIUNI

Întindeți aluatul pentru croissant într-un dreptunghi mare.
Tăiați aluatul în triunghiuri.
Într-un castron, combinați migdalele tocate, alunele, nucile pecan, zahărul și untul înmuiat.
Întindeți amestecul de nuci amestecat pe jumătatea inferioară a fiecărui croissant.
Înlocuiți jumătatea superioară a croissantului și apăsați ușor.
Așezați cornurile pe o tavă de copt tapetată, ungeți cu spălat de ou și lăsați să crească timp de 1 oră.
Preîncălziți cuptorul la 400°F (200°C) și coaceți cornurile timp de 20-25 de minute până când se rumenesc.

28. __Croissant cu ciocolată și alune__

INGREDIENTE
Aluat de bază pentru croissant (vezi rețeta de mai sus)
1/2 cană Nutella sau ciocolată tartinată cu alune
1/4 cana alune tocate
1 ou batut cu 1 lingura de apa
INSTRUCȚIUNI

Întindeți aluatul pentru croissant într-un dreptunghi mare.

Tăiați aluatul în triunghiuri.

Întindeți un strat subțire de Nutella pe jumătatea inferioară a fiecărui croissant.

Presarati alune tocate peste Nutella.

Înlocuiți jumătatea superioară a croissantului și apăsați ușor.

Așezați cornurile pe o tavă de copt tapetată, ungeți cu spălat de ou și lăsați să crească timp de 1 oră.

Preîncălziți cuptorul la 400°F (200°C) și coaceți cornurile timp de 20-25 de minute până când se rumenesc.

29. <u>Croissant cu migdale Joy</u>

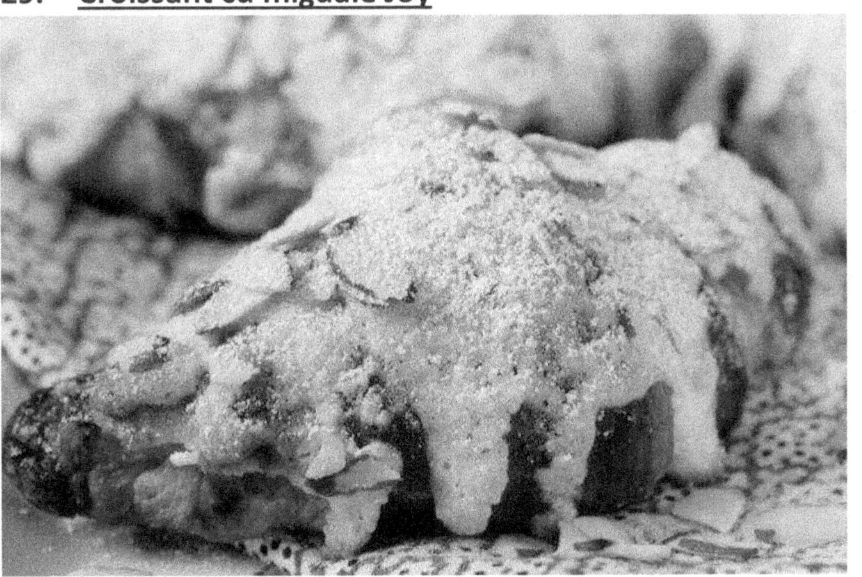

INGREDIENTE

Aluat de bază pentru croissant (vezi rețeta de mai sus)
1/2 cană nucă de cocos mărunțită îndulcită
1/2 cană migdale mărunțite
1/2 cană chipsuri de ciocolată semidulce
1 ou batut cu 1 lingura de apa

INSTRUCȚIUNI

Întindeți aluatul pentru croissant într-un dreptunghi mare.

Tăiați aluatul în triunghiuri.

Într-un castron, combinați nuca de cocos mărunțită, migdalele mărunțite și chipsurile de ciocolată.

Întindeți amestecul de nucă de cocos pe jumătatea inferioară a fiecărui croissant.

Înlocuiți jumătatea superioară a croissantului și apăsați ușor.

Așezați cornurile pe o tavă de copt tapetată, ungeți cu spălat de ou și lăsați să crească timp de 1 oră.

Preîncălziți cuptorul la 400°F (200°C) și coaceți cornurile timp de 20-25 de minute până când se rumenesc.

30. <u>Croissant cu migdale</u>

INGREDIENTE

6 cornuri, vechi de o zi
1 cană făină de migdale
1/2 cană zahăr pudră
1/4 cană unt nesărat, înmuiat
1 ou
1 lingurita extract de vanilie
1/2 lingurita extract de migdale
1/4 lingurita sare
1/4 cană migdale feliate
Zahăr pudră pentru pudrat

INSTRUCȚIUNI

Preîncălziți cuptorul la 350°F (175°C).

Tăiați cornurile în jumătate pe lungime și lăsați deoparte.

Într-un castron, combinați făina de migdale, zahărul pudră, untul, oul, extractul de vanilie, extractul de migdale și sarea.

Întindeți amestecul de migdale pe jumătatea inferioară a fiecărui croissant și presărați cu migdale felii.

Înlocuiți jumătatea superioară a croissantului și apăsați ușor.

Puneți cornurile pe o foaie de copt și coaceți timp de 15-20 de minute până când umplutura devine maro aurie și croissantul crocant.

Pudrați cu zahăr pudră înainte de servire.

31. <u>Croissant cu migdale şi zmeură</u>

INGREDIENTE
Aluat de bază pentru croissant (vezi rețeta de mai sus)
1/2 cană gem de zmeură
1/2 cană migdale feliate
1 ou batut cu 1 lingura de apa
INSTRUCȚIUNI

Întindeți aluatul pentru croissant într-un dreptunghi mare.

Întindeți uniform dulceața de zmeură pe suprafața aluatului.

Presaram migdalele feliate peste dulceata.

Tăiați aluatul în triunghiuri.

Rulați fiecare triunghi în formă de croissant.

Așezați cornurile pe o tavă de copt tapetată, ungeți cu spălat de ou și lăsați să crească timp de 1 oră.

Preîncălziți cuptorul la 400°F (200°C) și coaceți cornurile timp de 20-25 de minute până când se rumenesc.

CROSSANTE FRUCTE

32. <u>Croissant cu afine</u>

INGREDIENTE

Aluat de bază pentru croissant (vezi rețeta de mai sus)
1 cană de afine proaspete
1/4 cană zahăr granulat
1 lingura amidon de porumb
1 ou batut cu 1 lingura de apa
INSTRUCȚIUNI

Întindeți aluatul pentru croissant într-un dreptunghi mare.

Într-un castron mic, amestecați afinele, zahărul și amidonul de porumb.

Întindeți uniform amestecul de afine pe suprafața aluatului.

Tăiați aluatul în triunghiuri.

Rulați fiecare triunghi în formă de croissant.

Așezați cornurile pe o tavă de copt tapetată, ungeți cu spălat de ou și lăsați să crească timp de 1 oră.

Preîncălziți cuptorul la 400°F (200°C) și coaceți cornurile timp de 20-25 de minute până când se rumenesc.

33. <u>Croissant cu zmeură</u>

INGREDIENTE

Aluat de bază pentru croissant (vezi rețeta de mai sus)
1 cană zmeură proaspătă
1/4 cană zahăr granulat
1 ou batut cu 1 lingura de apa

INSTRUCȚIUNI

Întindeți aluatul pentru croissant într-un dreptunghi mare.
Tăiați aluatul în triunghiuri.
Puneți zmeura proaspătă pe fiecare croissant.
Presărați zahăr granulat peste zmeură.
Rulați fiecare triunghi în sus, începând de la capătul larg și modelați o semilună.
Pune croasanele pe o tava tapetata si lasa la crescut 1 ora.
Preîncălziți cuptorul la 400°F (200°C) și coaceți cornurile timp de 20-25 de minute până când se rumenesc.

34. **<u>Croissant cu piersici</u>**

INGREDIENTE

Aluat de bază pentru croissant (vezi rețeta de mai sus)
2 piersici coapte, curatate de coaja si taiate cubulete
1/4 cană zahăr granulat
1/2 lingurita de scortisoara macinata
1 ou batut cu 1 lingura de apa

INSTRUCȚIUNI

Întindeți aluatul pentru croissant într-un dreptunghi mare.

Într-un castron mic, amestecați piersicile tăiate cubulețe, zahărul și scorțișoara.

Întindeți uniform amestecul de piersici pe suprafața aluatului.

Tăiați aluatul în triunghiuri.

Rulați fiecare triunghi în formă de croissant.

Așezați cornurile pe o tavă de copt tapetată, ungeți cu spălat de ou și lăsați să crească timp de 1 oră.

Preîncălziți cuptorul la 400°F (200°C) și coaceți cornurile timp de 20-25 de minute până când se rumenesc.

35. <u>Croissant cu fructe de padure mixte</u>

INGREDIENTE

Aluat de bază pentru croissant (vezi rețeta de mai sus)
1/2 ceasca de fructe de padure amestecate (cum ar fi afine, zmeura
si mure)
1/4 cană zahăr granulat
1 lingura amidon de porumb
1 ou batut cu 1 lingura de apa
INSTRUCȚIUNI

Întindeți aluatul pentru croissant într-un dreptunghi mare.
Într-un castron mic, amestecați fructele de pădure, zahărul și
amidonul de porumb.
Întindeți uniform amestecul de fructe de pădure pe suprafața
aluatului.
Tăiați aluatul în triunghiuri.
Rulați fiecare triunghi în formă de croissant.
Așezați cornurile pe o tavă de copt tapetată, ungeți cu spălat de ou
și lăsați să crească timp de 1 oră.
Preîncălziți cuptorul la 400°F (200°C) și coaceți cornurile timp de 20-
25 de minute până când se rumenesc.

36. <u>Croissant cu pâine cu mere</u>

Face: 6 portii

INGREDIENTE

- 6 linguri. unt nesarat
- ½ cană zahăr brun deschis
- 3 mere Granny Smith, fără miez și tăiate cubulețe
- 3 mere Fuji, fără miez și tăiate cubulețe
- ½ cană plus 1 lingură. unt de mere
- 1 lingurita amidon de porumb
- 6 cornuri mari, cuburi
- ½ cană smântână groasă
- 3 oua batute
- 1 lingurita extract de vanilie
- ¼ de linguriță de condiment pentru plăcintă cu mere
- ½ cană de zahăr pudră

INSTRUCȚIUNI

a) Preîncălziți cuptorul la 375°. Pulverizați o tavă de copt de 9 x 13 cu spray de gătit antiaderent. Într-o tigaie mare la foc mediu, adăugați untul. Cand untul se topeste adaugam zaharul brun. Se amestecă până se dizolvă zahărul brun.

b) Adăugați merele în tigaie. Se amestecă până se combină. Gatiti 6 minute sau pana cand merele se inmoaie. Adăugați 1 lingură de unt de mere și amidon de porumb în tigaie. Se amestecă până se combină. Scoateți tigaia de pe foc.

c) Întindeți cuburile de croissant în tava de copt. Se pun merele deasupra. Într-un castron, adăugați smântâna groasă, ouăle, extractul de vanilie, condimentul pentru plăcintă cu mere și ½ cană de unt de mere. Bateți până se omogenizează și turnați deasupra caserolei.

d) Asigurați-vă că cuburile de croissant sunt acoperite cu lichid.

e) Coaceți timp de 25 de minute sau până când caserola se fixează în centru.

f) Se scoate din cuptor si se presara deasupra zaharul pudra. Serviți cald.

37. <u>Croissante cu afine lamaie</u>

INGREDIENTE

Aluat de bază pentru croissant (vezi rețeta de mai sus)
1/2 cană afine
2 linguri de zahar granulat
1 lingura amidon de porumb
1 lingura coaja de lamaie
1 ou batut cu 1 lingura de apa
INSTRUCȚIUNI

Întindeți aluatul pentru croissant într-un dreptunghi mare.
Într-un castron mic, amestecați afinele, zahărul, amidonul de porumb și coaja de lămâie.
Întindeți uniform amestecul de afine pe suprafața aluatului.
Tăiați aluatul în triunghiuri.
Rulați fiecare triunghi în formă de croissant.
Așezați cornurile pe o tavă de copt tapetată, ungeți cu spălat de ou și lăsați să crească timp de 1 oră.
Preîncălziți cuptorul la 400°F (200°C) și coaceți cornurile timp de 20-25 de minute până când se rumenesc.

38. <u>Croissant cu afine și portocale</u>

INGREDIENTE

1 foaie de aluat foietaj, decongelat
1/4 cană sos de afine
1/4 cană marmeladă de portocale
1/4 cană migdale tăiate
1 ou, batut
Zahăr pudră, pentru pudrat
INSTRUCȚIUNI

Preîncălziți cuptorul la 375°F (190°C).

Pe o suprafață ușor înfăinată, întindeți aluatul foietaj într-un dreptunghi mare. Tăiați aluatul în 4 triunghiuri egale.

Într-un castron, combinați sosul de merișoare, marmelada de portocale și migdalele tăiate.

Întindeți o lingură din amestec pe partea cea mai largă a fiecărui triunghi. Rulați cornurile de la capătul cel mai lat spre vârf.

Asezati croissantele pe o tava tapetata cu hartie de copt si ungeti cu oul batut.

Coaceți timp de 15-20 de minute, până când cornurile sunt aurii și crocante.

Pudrați cu zahăr pudră înainte de servire.

39. <u>Croissant cu ananas</u>

INGREDIENTE

1 foaie de aluat foietaj, decongelat
1 conserve de ananas zdrobit, scurs
1/4 cană zahăr brun
1/4 cana unt nesarat, topit
1 ou, batut
Zahăr pudră, pentru pudrat
INSTRUCȚIUNI

Preîncălziți cuptorul la 375°F (190°C).
Pe o suprafață ușor înfăinată, întindeți aluatul foietaj într-un dreptunghi mare. Tăiați aluatul în 4 triunghiuri egale.
Într-un castron, combinați ananasul zdrobit, zahărul brun și untul topit.
Întindeți o lingură din amestecul de ananas pe partea cea mai largă a fiecărui triunghi. Rulați cornurile de la capătul cel mai lat spre vârf.
Asezati croissantele pe o tava tapetata cu hartie de copt si ungeti cu oul batut.
Coaceți timp de 15-20 de minute, până când cornurile sunt aurii și crocante.
Pudrați cu zahăr pudră înainte de servire.

40. <u>Croissant cu prune</u>

INGREDIENTE

1 foaie de aluat foietaj, decongelat
4-5 prune, feliate subțiri
2 linguri miere
1/4 cană făină de migdale
1 ou, batut
Zahăr pudră, pentru pudrat

INSTRUCȚIUNI

Preîncălziți cuptorul la 375°F (190°C).
Pe o suprafață ușor înfăinată, întindeți aluatul foietaj într-un dreptunghi mare. Tăiați aluatul în 4 triunghiuri egale.
Într-un castron, combinați prunele feliate, mierea și făina de migdale.
Întindeți o lingură din amestecul de prune pe cea mai largă parte a fiecărui triunghi. Rulați cornurile de la capătul cel mai lat spre vârf.
Asezati croissantele pe o tava tapetata cu hartie de copt si ungeti cu oul batut.
Coaceți timp de 15-20 de minute, până când cornurile sunt aurii și crocante.
Pudrați cu zahăr pudră înainte de servire.

CROSANTE CARNATE

41. <u>Croissant cu cârnaţi şi ouă</u>

INGREDIENTE

Aluat de bază pentru croissant (vezi rețeta de mai sus)
6 cârnați gătiți pentru micul dejun, feliați
6 ouă mari, omletă
Sare si piper dupa gust
1 ou batut cu 1 lingura de apa
INSTRUCȚIUNI

Întindeți aluatul pentru croissant într-un dreptunghi mare.

Tăiați aluatul în triunghiuri.

Puneți câteva felii de cârnați și o linguriță de ouă omletă pe fiecare croissant.

Se presară cu sare și piper.

Înlocuiți jumătatea superioară a croissantului și apăsați ușor.

Așezați cornurile pe o tavă de copt tapetată, ungeți cu spălat de ou și lăsați să crească timp de 1 oră.

Preîncălziți cuptorul la 350°F (175°C) și coaceți cornurile timp de 15-20 de minute până când oul se întărește și croissantul este crocant.

42. <u>Croissant cu șuncă și brânză</u>

INGREDIENTE

6 cornuri
6 felii de sunca
6 felii de brânză elvețiană
1 ou batut cu 1 lingura de apa
Sare si piper dupa gust

INSTRUCȚIUNI

Preîncălziți cuptorul la 350°F (175°C).

Tăiați cornurile în jumătate pe lungime și lăsați deoparte.

Așezați o felie de șuncă și o felie de brânză pe fiecare croissant.

Se presară cu sare și piper.

Înlocuiți jumătatea superioară a croissantului și apăsați ușor.

Așezați cornurile pe o foaie de copt și ungeți cu spălat de ouă.

Coaceți 15-20 de minute până când brânza se topește și croissantul este crocant.

43. <u>Croissant cu cârnaţi picante</u>

INGREDIENTE

Aluat de bază pentru croissant (vezi rețeta de mai sus)
6 legături de cârnați condimentați, gătiți și tăiați felii
1/4 cană brânză pepper jack mărunțită
1 ou batut cu 1 lingura de apa
INSTRUCȚIUNI

Întindeți aluatul pentru croissant într-un dreptunghi mare.

Tăiați aluatul în triunghiuri.

Întindeți cârnații picant feliați și brânză pepper jack mărunțită pe jumătatea inferioară a fiecărui croissant.

Înlocuiți jumătatea superioară a croissantului și apăsați ușor.

Așezați cornurile pe o tavă de copt tapetată, ungeți cu spălat de ou și lăsați să crească timp de 1 oră.

Preîncălziți cuptorul la 400°F (200°C) și coaceți cornurile timp de 20-25 de minute până când se rumenesc.

44. Croissante picante cu pui de bivoliță

INGREDIENTE

Aluat de bază pentru croissant (vezi rețeta de mai sus)
1 cană de pui gătit mărunțit
1/4 cană sos de bivoliță
1/4 cană brânză albastră mărunțită
1 ou batut cu 1 lingura de apa
INSTRUCȚIUNI

Întindeți aluatul pentru croissant într-un dreptunghi mare.
Tăiați aluatul în triunghiuri.
Într-un castron, combinați puiul gătit mărunțit, sosul de bivoliță și brânza albastră mărunțită.
Întindeți amestecul de pui pe jumătatea inferioară a fiecărui croissant.
Înlocuiți jumătatea superioară a croissantului și apăsați ușor.
Așezați cornurile pe o tavă de copt tapetată, ungeți cu spălat de ou și lăsați să crească timp de 1 oră.
Preîncălziți cuptorul la 400°F (200°C) și coaceți cornurile timp de 20-25 de minute până când se rumenesc.

45. <u>Croissante picante cu chorizo</u>

INGREDIENTE

Aluat de bază pentru croissant (vezi rețeta de mai sus)
6 oz. cârnați chorizo, mărunțiți și fierți
1/4 cană brânză pepper jack mărunțită
1/4 cană roșii tăiate cubulețe
1 ou batut cu 1 lingura de apa

INSTRUCȚIUNI

Întindeți aluatul pentru croissant într-un dreptunghi mare.

Tăiați aluatul în triunghiuri.

Întindeți chorizo mărunțit și gătit, brânză pepper jack mărunțită și roșii tăiate cubulețe pe jumătatea inferioară a fiecărui croissant.

Înlocuiți jumătatea superioară a croissantului și apăsați ușor.

Așezați cornurile pe o tavă de copt tapetată, ungeți cu spălat de ou și lăsați să crească timp de 1 oră.

Preîncălziți cuptorul la 400°F (200°C) și coaceți cornurile timp de 20-25 de minute până când se rumenesc.

46. <u>Croissant cu pepperoni picant</u>

INGREDIENTE

Aluat de bază pentru croissant (vezi rețeta de mai sus)
6 oz. pepperoni felii
1/4 cană brânză mozzarella mărunțită
1/4 cană ardei verzi tăiați cubulețe
1 ou batut cu 1 lingura de apa
INSTRUCȚIUNI

Întindeți aluatul pentru croissant într-un dreptunghi mare.

Tăiați aluatul în triunghiuri.

Întindeți pepperoni felii, brânză mozzarella mărunțită și ardeii verzi tăiați cubulețe pe jumătatea inferioară a fiecărui croissant.

Înlocuiți jumătatea superioară a croissantului și apăsați ușor.

Așezați cornurile pe o tavă de copt tapetată, ungeți cu spălat de ou și lăsați să crească timp de 1 oră.

Preîncălziți cuptorul la 400°F (200°C) și coaceți cornurile timp de 20-25 de minute până când se rumenesc.

47. <u>Strate de croissant cu unt cu prosciutto</u>

Produce: 8

INGREDIENTE

- 3 linguri de unt sărat, feliate subțire, plus încă pentru uns
- 6 cornuri, rupte aproximativ în treimi
- 8 ouă mari
- 3 cani de lapte integral
- 1 lingură muștar de Dijon
- 1 lingura de salvie proaspata tocata
- ¼ lingurita de nucsoara proaspat rasa
- Sare kosher și piper proaspăt măcinat
- 12 uncii de spanac congelat, dezghețat și stors uscat
- 1½ cană de brânză Gouda mărunțită
- 1½ cani de brânză Gruyère mărunțită
- 3 uncii prosciutto feliat subțire, rupt

INSTRUCȚIUNI

a) Preîncălziți cuptorul la 350°F. Ungeți o tavă de copt de 9 × 13 inchi.

b) Aranjați cornurile în fundul vasului de copt și acoperiți-le cu untul feliat. Coaceți până se prăjește ușor, 5 până la 8 minute. Scoatem si lasam sa se raceasca in tava pana nu se mai fierbe la atingere, aproximativ 10 minute.

c) Într-un castron mediu, amestecați ouăle, laptele, muștarul, salvia, nucșoara și un praf de sare și piper. Se amestecă spanacul și ¾ de cană din fiecare brânză. Turnați cu grijă amestecul peste cornurile prăjite, distribuindu-l uniform. Acoperiți cu brânză rămasă și adăugați prosciutto pentru a termina. Acoperiți și lăsați la frigider pentru cel puțin 30 de minute sau peste noapte.

d) Când este gata de coacere, scoateți straturile din frigider și preîncălziți cuptorul la 350°F.

e) Coaceți până se fixează centrul straturilor, aproximativ 45 de minute. Dacă cornurile încep să se rumenească înainte ca straturile să fie gata de gătit, acoperiți-le cu folie și continuați coacerea.

f) Scoateți straturile din cuptor și lăsați să se răcească 5 minute înainte de servire.

CROSSANTE CONDATE

48. Croissant cu zahăr și scorțișoară

INGREDIENTE

Aluat de bază pentru croissant (vezi rețeta de mai sus)
1/4 cană zahăr granulat
1 lingura scortisoara macinata
1/2 cana unt nesarat, topit
INSTRUCȚIUNI

Întindeți aluatul pentru croissant într-un dreptunghi mare.

Tăiați aluatul în triunghiuri.

Într-un castron mic, amestecați zahărul și scorțișoara.

Ungeți fiecare croissant cu unt topit și stropiți cu zahăr de scorțișoară.

Rulați fiecare triunghi în sus, începând de la capătul larg și modelați o semilună.

Pune croasanele pe o tava tapetata si lasa la crescut 1 ora.

Preîncălziți cuptorul la 400°F (200°C) și coaceți cornurile timp de 20-25 de minute până când se rumenesc.

49. <u>Croissant Jalapeño picante</u>

INGREDIENTE

Aluat de bază pentru croissant (vezi rețeta de mai sus)
2 jalapeños, fără semințe și tăiate cubulețe
1/4 cană brânză cheddar mărunțită
1/4 lingurita chimen
1 ou batut cu 1 lingura de apa
Sare si piper dupa gust

INSTRUCȚIUNI

Întindeți aluatul pentru croissant într-un dreptunghi mare.

Tăiați aluatul în triunghiuri.

Într-un castron, combinați jalapeños tăiați cubulețe, brânza cheddar mărunțită, chimen, sare și piper.

Întindeți amestecul de jalapeño pe jumătatea inferioară a fiecărui croissant.

Înlocuiți jumătatea superioară a croissantului și apăsați ușor.

Așezați cornurile pe o tavă de copt tapetată, ungeți cu spălat de ou și lăsați să crească timp de 1 oră.

Preîncălziți cuptorul la 400°F (200°C) și coaceți cornurile timp de 20-25 dc minute până când se rumenesc.

50. <u>Croissant cu cardamom</u>

INGREDIENTE

Aluat de bază pentru croissant (vezi rețeta de mai sus)
2 lingurite de cardamom macinat
1/2 cana unt nesarat, topit
1 ou batut cu 1 lingura de apa

INSTRUCȚIUNI

Întindeți aluatul pentru croissant într-un dreptunghi mare.

Într-un castron mic, amestecați cardamomul măcinat și untul topit.

Ungeți amestecul de unt de cardamom pe suprafața aluatului.

Tăiați aluatul în triunghiuri.

Rulați fiecare triunghi în formă de croissant.

Așezați cornurile pe o tavă de copt tapetată, ungeți cu spălat de ou și lăsați să crească timp de 1 oră.

Preîncălziți cuptorul la 400°F (200°C) și coaceți cornurile timp de 20-25 de minute până când se rumenesc.

51. Croissante din turtă dulce

INGREDIENTE

Aluat de bază pentru croissant (vezi rețeta de mai sus)
2 lingurițe de ghimbir măcinat
1 lingurita scortisoara macinata
1/4 lingurita cuisoare macinate
1/4 lingurita nucsoara macinata
1/2 cana unt nesarat, topit
1/4 cană melasă
1 ou batut cu 1 lingura de apa
INSTRUCȚIUNI

Întindeți aluatul pentru croissant într-un dreptunghi mare.
Într-un castron mic, amestecați ghimbirul măcinat, scorțișoara măcinată, cuișoarele măcinate, nucșoară măcinată, untul topit și melasa.
Ungeți amestecul de turtă dulce pe suprafața aluatului.
Tăiați aluatul în triunghiuri.
Rulați fiecare triunghi în formă de croissant.
Așezați cornurile pe o tavă de copt tapetată, ungeți cu spălat de ou și lăsați să crească timp de 1 oră.
Preîncălziți cuptorul la 400°F (200°C) și coaceți cornurile timp de 20-25 de minute până când se rumenesc.

52. <u>Croissant cu curry</u>

INGREDIENTE

Aluat de bază pentru croissant (vezi rețeta de mai sus)
2 lingurițe pudră de curry
1/2 cana unt nesarat, topit
1 ou batut cu 1 lingura de apa
INSTRUCȚIUNI

Întindeți aluatul pentru croissant într-un dreptunghi mare.

Într-un castron mic, amestecați praful de curry și untul topit.

Ungeți amestecul de unt de curry pe suprafața aluatului.

Tăiați aluatul în triunghiuri.

Rulați fiecare triunghi în formă de croissant.

Așezați cornurile pe o tavă de copt tapetată, ungeți cu spălat de ou
și lăsați să crească timp de 1 oră.

Preîncălziți cuptorul la 400°F (200°C) și coaceți cornurile timp de 20-
25 de minute până când se rumenesc.

53. <u>Croissant cu boia</u>

INGREDIENTE

Aluat de bază pentru croissant (vezi rețeta de mai sus)
2 lingurite boia
1/2 cana unt nesarat, topit
1 ou batut cu 1 lingura de apa
INSTRUCȚIUNI

Întindeți aluatul pentru croissant într-un dreptunghi mare.

Într-un castron mic, amestecați boia de ardei și untul topit.

Ungeți amestecul de unt de boia pe suprafața aluatului.

Tăiați aluatul în triunghiuri.

Rulați fiecare triunghi în formă de croissant.

Așezați cornurile pe o tavă de copt tapetată, ungeți cu spălat de ou și lăsați să crească timp de 1 oră.

Preîncălziți cuptorul la 400°F (200°C) și coaceți cornurile timp de 20-25 de minute până când se rumenesc.

54. <u>Croissant cu chili</u>

INGREDIENTE

Aluat de bază pentru croissant (vezi rețeta de mai sus)
1/2 lingurita praf de chili
1/2 lingurita piper cayenne
1/2 cana unt nesarat, topit
1 ou batut cu 1 lingura de apa
INSTRUCȚIUNI

Întindeți aluatul pentru croissant într-un dreptunghi mare.
Într-un castron mic, amestecați praful de chili, ardeiul cayenne și untul topit.
Ungeți amestecul de unt chili pe suprafața aluatului.
Tăiați aluatul în triunghiuri.
Rulați fiecare triunghi în formă de croissant.
Așezați cornurile pe o tavă de copt tapetată, ungeți cu spălat de ou și lăsați să crească timp de 1 oră.
Preîncălziți cuptorul la 400°F (200°C) și coaceți cornurile timp de 20-25 de minute până când se rumenesc.

55. <u>Croissant cu mere şi scorţişoară</u>

INGREDIENTE

Aluat de bază pentru croissant (vezi rețeta de mai sus)
2 mere, curatate de coaja si taiate cubulete
1/4 cană zahăr granulat
1 lingurita scortisoara macinata
1/2 cana unt nesarat, topit
1 ou batut cu 1 lingura de apa

INSTRUCȚIUNI

Întindeți aluatul pentru croissant într-un dreptunghi mare.
Într-un castron mic, amestecați împreună merele tăiate cubulețe, zahărul și scorțișoara.
Întindeți amestecul de mere uniform pe suprafața aluatului.
Ungeți untul topit pe suprafața aluatului.
Tăiați aluatul în triunghiuri.
Rulați fiecare triunghi în formă de croissant.
Așezați cornurile pe o tavă de copt tapetată, ungeți cu spălat de ou și lăsați să crească timp de 1 oră.
Preîncălziți cuptorul la 400°F (200°C) și coaceți cornurile timp de 20-25 de minute până când se rumenesc.

CROSSANTE BRÂNZICE

56.   <u>Croissant cu afine și cremă de brânză</u>

INGREDIENTE

Aluat de bază pentru croissant (vezi rețeta de mai sus)
4 uncii de brânză cremă, înmuiată
1/4 cană conserve de afine
1 ou batut cu 1 lingura de apa
Zahăr pudră pentru pudrat
INSTRUCȚIUNI

Întindeți aluatul pentru croissant într-un dreptunghi mare.

Tăiați aluatul în triunghiuri.

Într-un bol de amestecare, combinați cremă de brânză și conservele de afine.

Întindeți amestecul de cremă de brânză pe jumătatea inferioară a fiecărui croissant.

Înlocuiți jumătatea superioară a croissantului și apăsați ușor.

Așezați cornurile pe o tavă de copt tapetată, ungeți cu spălat de ou și lăsați să crească timp de 1 oră.

Preîncălziți cuptorul la 400°F (200°C) și coaceți cornurile timp de 20-25 de minute până când se rumenesc.

Pudrați cu zahăr pudră înainte de servire.

57. <u>Croissant cu bacon și cheddar</u>

INGREDIENTE

Aluat de bază pentru croissant (vezi rețeta de mai sus)
6 felii de bacon, fierte si maruntite
1 cană brânză cheddar mărunțită
1 ou batut cu 1 lingura de apa
INSTRUCȚIUNI

Întindeți aluatul pentru croissant într-un dreptunghi mare.
Tăiați aluatul în triunghiuri.
Presărați brânză cheddar mărunțită și slănină mărunțită pe fiecare triunghi.
Rulați fiecare triunghi în sus, începând de la capătul larg și modelați o semilună.
Pune croasanele pe o tava tapetata si lasa la crescut 1 ora.
Preîncălziți cuptorul la 400 ° F (200 ° C) și ungeți cornurile cu spălat de ouă.
Coaceți croissantele timp de 20-25 de minute până când se rumenesc și brânza se topește.

 <u>Croissant cu spanac și feta</u>

INGREDIENTE

Aluat de bază pentru croissant (vezi rețeta de mai sus)
1 cană spanac proaspăt, tocat
1/2 cană brânză feta mărunțită
1 ou batut cu 1 lingura de apa
INSTRUCȚIUNI

Întindeți aluatul pentru croissant într-un dreptunghi mare.

Tăiați aluatul în triunghiuri.

Pune spanacul tocat si branza feta maruntita pe fiecare triunghi.

Rulați fiecare triunghi în sus, începând de la capătul larg și modelați o semilună.

Pune croasanele pe o tava tapetata si lasa la crescut 1 ora.

Preîncălziți cuptorul la 400 ° F (200 ° C) și ungeți cornurile cu spălat de ouă.

Coaceți croissantele timp de 20-25 de minute până când se rumenesc și brânza se topește.

59. <u>Croissant cu brânză de vaci</u>

Produce: 12 rulouri

INGREDIENTE

PENTRU ALUAT:

- ⅔ cană lapte
- 1¼ cană (150 g) brânză de vaci ¼ cană (60 g, 2 uncii) unt
- 1 ou
- ⅓ cană (60 g, 2,4 uncii) zahăr
- 4 căni (500 g, 18 uncii) de făină universală
- 1 lingurita zahar vanilat
- 1½ linguriță drojdie uscată activă
- ½ lingurita sare

PENTRU GLAZARE:

- 1 galbenus de ou
- 2 linguri de lapte
- 2 linguri migdale, tocate

INSTRUCȚIUNI

a) Framantam aluatul intr-o masina de paine. Se lasa sa se odihneasca si sa creasca 45 de minute.

b) Întindeți aluatul gata de gătit într-un cerc de 16 inchi (40 cm) în diametru și împărțiți-l în 12 sectoare triunghiulare. Rotiți fiecare triunghi în sus, începând cu marginea sa largă.

c) Așezați rulourile pe o tavă de copt acoperită cu hârtie de copt unsă cu ulei și ungeți-le cu amestecul de glazură. Acoperiți cu un prosop și lăsați să se odihnească timp de 30 de minute.

d) Preîncălziți cuptorul la 400 de grade F (200 de grade C).

e) Coaceți în cuptorul preîncălzit până se rumenesc timp de 15 minute.

60. <u>Croissante cu crema de branza cu capsuni</u>

INGREDIENTE

Aluat de bază pentru croissant (vezi rețeta de mai sus)
4 uncii de brânză cremă, înmuiată
1/4 cană zahăr pudră
1/2 lingurita extract de vanilie
1/2 cană căpșuni tăiate cubulețe
1 ou batut cu 1 lingura de apa

INSTRUCȚIUNI

Întindeți aluatul pentru croissant într-un dreptunghi mare.

Într-un castron mic, amestecați crema de brânză, zahărul pudră și extractul de vanilie.

Întindeți amestecul de cremă de brânză uniform pe suprafața aluatului.

Presaram capsunile taiate cubulete peste amestecul de crema de branza.

Tăiați aluatul în triunghiuri.

Rulați fiecare triunghi în formă de croissant.

Așezați cornurile pe o tavă de copt tapetată, ungeți cu spălat de ou și lăsați să crească timp de 1 oră.

Preîncălziți cuptorul la 400°F (200°C) și coaceți cornurile timp de 20-25 de minute până când se rumenesc.

61. Croissant cu zmeura si crema de branza

INGREDIENTE
Aluat de bază pentru croissant (vezi rețeta de mai sus)
4 uncii de brânză cremă, înmuiată
1/4 cană conserve de zmeură
1 ou batut cu 1 lingura de apa
Zahăr pudră pentru pudrat
INSTRUCȚIUNI

Întindeți aluatul pentru croissant într-un dreptunghi mare.

Tăiați aluatul în triunghiuri.

Într-un castron, combinați cremă de brânză și conservele de zmeură.

Întindeți amestecul de cremă de brânză pe jumătatea inferioară a fiecărui croissant.

Înlocuiți jumătatea superioară a croissantului și apăsați ușor.

Așezați cornurile pe o tavă de copt tapetată, ungeți cu spălat de ou și lăsați să crească timp de 1 oră.

Preîncălziți cuptorul la 400°F (200°C) și coaceți cornurile timp de 20-25 de minute până când se rumenesc.

Pudrați cu zahăr pudră înainte de servire.

62. Croissant cu piersici si crema de branza

INGREDIENTE
Aluat de bază pentru croissant (vezi rețeta de mai sus)
1/2 cană cremă de brânză, moale
1/4 cană zahăr pudră
1/2 lingurita extract de vanilie
1 piersică coaptă, decojită și tăiată felii
1 ou batut cu 1 lingura de apa
INSTRUCȚIUNI

Întindeți aluatul pentru croissant într-un dreptunghi mare.

Într-un castron mic, amestecați crema de brânză, zahărul pudră și extractul de vanilie.

Întindeți amestecul de cremă de brânză uniform pe suprafața aluatului.

Aranjați piersicile feliate deasupra amestecului de cremă de brânză.

Tăiați aluatul în triunghiuri.

Rulați fiecare triunghi în formă de croissant.

Așezați cornurile pe o tavă de copt tapetată, ungeți cu spălat de ou și lăsați să crească timp de 1 oră.

Preîncălziți cuptorul la 400°F (200°C) și coaceți cornurile timp de 20-25 de minute până când se rumenesc.

63. <u>Brie şi Croissant cu mere</u>

INGREDIENTE

1 foaie de aluat foietaj, decongelat
4 uncii de brânză brie, feliată
1 măr, feliat subțire
1 ou, batut
Dragă, pentru burniță

INSTRUCȚIUNI

Urmați instrucțiunile pentru Croissanturile clasice de ciocolată (Rețeta 1), dar înlocuiți ciocolata tocată cu brânză brie și măr feliat. Stropiți cu miere înainte de servire.

64. <u>Croissant cu pizza</u>

INGREDIENTE

1 foaie de aluat foietaj, decongelat

1/2 cană sos pizza

1/2 cană brânză mozzarella mărunțită

1/4 cană pepperoni felii

1 ou, batut

Condimente italiene, pentru stropire

INSTRUCȚIUNI

Urmați instrucțiunile pentru Croissanturile clasice de ciocolată (Rețeta 1), dar înlocuiți ciocolata tocată cu sos de pizza, brânză mozzarella mărunțită și pepperoni felii. Stropiți cu condimente italiene înainte de coacere.

CROSANTE FLORALE

65. <u>Croissant cu miere de lavandă</u>

INGREDIENTE

Aluat de bază pentru croissant (vezi rețeta de mai sus)
1/4 cană miere
1 lingura de lavanda culinara uscata
1 ou batut cu 1 lingura de apa

INSTRUCȚIUNI

Întindeți aluatul pentru croissant într-un dreptunghi mare.

Tăiați aluatul în triunghiuri.

Într-un castron mic, amestecați mierea și levănțica.

Întindeți un strat subțire de miere de lavandă pe jumătatea inferioară a fiecărui croissant.

Înlocuiți jumătatea superioară a croissantului și apăsați ușor.

Așezați cornurile pe o tavă de copt tapetată, ungeți cu spălat de ou și lăsați să crească timp de 1 oră.

Preîncălziți cuptorul la 400°F (200°C) și coaceți cornurile timp de 20-25 de minute până când se rumenesc.

66. Croissant cu petale de trandafir

INGREDIENTE

Aluat de bază pentru croissant (vezi rețeta de mai sus)
1/4 cană petale de trandafir uscate
1/4 cană zahăr
1 ou batut cu 1 lingura de apa
INSTRUCȚIUNI

Întindeți aluatul pentru croissant într-un dreptunghi mare.

Tăiați aluatul în triunghiuri.

Într-un castron, combinați petalele de trandafiri uscate și zahărul.

Presărați amestecul de petale de trandafir pe jumătatea inferioară
a fiecărui croissant.

Înlocuiți jumătatea superioară a croissantului și apăsați ușor.

Așezați cornurile pe o tavă de copt tapetată, ungeți cu spălat de ou
și lăsați să crească timp de 1 oră.

Preîncălziți cuptorul la 400°F (200°C) și coaceți cornurile timp de 20-
25 de minute până când se rumenesc.

67. <u>Croissant cu flori de portocal</u>

INGREDIENTE

Aluat de bază pentru croissant (vezi rețeta de mai sus)
1/4 cană apă de floare de portocal
1/4 cană zahăr
1 ou batut cu 1 lingura de apa

INSTRUCȚIUNI

Întindeți aluatul pentru croissant într-un dreptunghi mare.

Tăiați aluatul în triunghiuri.

Într-un castron mic, amestecați apa de floare de portocal și zahărul.

Întindeți un strat subțire din amestecul de flori de portocal pe jumătatea inferioară a fiecărui croissant.

Înlocuiți jumătatea superioară a croissantului și apăsați ușor.

Așezați cornurile pe o tavă de copt tapetată, ungeți cu spălat de ou și lăsați să crească timp de 1 oră.

Preîncălziți cuptorul la 400°F (200°C) și coaceți cornurile timp de 20-25 de minute până când se rumenesc.

68. <u>Croissant cu musetel</u>

INGREDIENTE
Aluat de bază pentru croissant (vezi rețeta de mai sus)
1/4 cană frunze de ceai de mușețel
1/4 cană zahăr
1 ou batut cu 1 lingura de apa
INSTRUCȚIUNI

Întindeți aluatul pentru croissant într-un dreptunghi mare.

Tăiați aluatul în triunghiuri.

Într-un castron, combinați frunzele de ceai de mușețel și zahărul.

Presărați amestecul de zahăr de mușețel pe jumătatea inferioară a fiecărui croissant.

Înlocuiți jumătatea superioară a croissantului și apăsați ușor.

Așezați cornurile pe o tavă de copt tapetată, ungeți cu spălat de ou și lăsați să crească timp de 1 oră.

Preîncălziți cuptorul la 400°F (200°C) și coaceți cornurile timp de 20-25 de minute până când se rumenesc.

INGREDIENTE

Aluat de bază pentru croissant (vezi rețeta de mai sus)
1/4 cană flori de hibiscus uscate
1/4 cană zahăr
1 ou batut cu 1 lingura de apa
INSTRUCȚIUNI

Întindeți aluatul pentru croissant într-un dreptunghi mare.

Tăiați aluatul în triunghiuri.

Într-un castron, combinați florile de hibiscus uscate și zahărul.

Presărați amestecul de zahăr hibiscus pe jumătatea inferioară a fiecărui croissant.

Înlocuiți jumătatea superioară a croissantului și apăsați ușor.

Așezați cornurile pe o tavă de copt tapetată, ungeți cu spălat de ou și lăsați să crească timp de 1 oră.

Preîncălziți cuptorul la 400°F (200°C) și coaceți cornurile timp de 20-25 de minute până când se rumenesc.

70. <u>Croissant cu iasomie</u>

INGREDIENTE

Aluat de bază pentru croissant (vezi rețeta de mai sus)
1/4 cană frunze de ceai de iasomie
1/4 cană zahăr
1 ou batut cu 1 lingura de apa
INSTRUCȚIUNI

Întindeți aluatul pentru croissant într-un dreptunghi mare.
Tăiați aluatul în triunghiuri.
Într-un castron, combinați frunzele de ceai de iasomie și zahărul.
Presărați amestecul de zahăr de iasomie pe jumătatea inferioară a fiecărui croissant.
Înlocuiți jumătatea superioară a croissantului și apăsați ușor.
Așezați cornurile pe o tavă de copt tapetată, ungeți cu spălat de ou și lăsați să crească timp de 1 oră.
Preîncălziți cuptorul la 400°F (200°C) și coaceți cornurile timp de 20-25 de minute până când se rumenesc.

CROSANTE DE SEMINTE

71. <u>Croissant clasice cu semințe de susan</u>

INGREDIENTE

1 1/2 cani de faina universala
1 1/2 linguriță drojdie uscată activă
1/4 cană zahăr granulat
1/2 lingurita sare
2/3 cană lapte cald
1/2 cană unt nesărat, înmuiat
1 ou, batut
1/2 cană semințe de susan

INSTRUCȚIUNI

Într-un castron mare, combinați făina, drojdia, zahărul și sarea. Amesteca bine.

Adăugați laptele cald și untul înmuiat în bol și amestecați până se formează un aluat.

Framantam aluatul pe o suprafata tapata cu faina timp de aproximativ 10 minute, pana se omogenizeaza si elastic.

Pune aluatul într-un bol uns cu unt, acoperim cu o cârpă umedă și lasă-l la crescut la loc cald timp de aproximativ 1 oră.

Preîncălziți cuptorul la 375°F (190°C).

Întindeți aluatul pe o suprafață cu făină într-un dreptunghi, de aproximativ 1/4 inch grosime.

Tăiați aluatul în triunghiuri și rulați fiecare triunghi într-o formă de croissant.

Asezati croissantele pe o tava tapetata cu hartie de copt.

Ungeți cornurile cu oul bătut și presărați semințe de susan deasupra.

Coaceți timp de 15-20 de minute, sau până când se rumenesc.

72. <u>Croissant cu seminţe de mac</u>

INGREDIENTE

1 1/2 cani de faina universala
1 1/2 linguriță drojdie uscată activă
1/4 cană zahăr granulat
1/2 lingurita sare
2/3 cană lapte cald
1/2 cană unt nesărat, înmuiat
1 ou, batut
1/2 cană semințe de mac
INSTRUCȚIUNI

Urmați aceleași INSTRUCȚIUNI ca și Croissanturile Clasice cu Semințe de Susan, dar presărați semințe de mac deasupra oului bătut înainte de a-l unge pe cornuri.

73. <u>Totul Croissant-uri</u>

INGREDIENTE

1 1/2 cani de faina universala
1 1/2 linguriță drojdie uscată activă
1/4 cană zahăr granulat
1/2 lingurita sare
2/3 cană lapte cald
1/2 cană unt nesărat, înmuiat
1 ou, batut
1/4 cană semințe de susan
1/4 cană semințe de mac
1/4 cană ceapă tocată uscată
1/4 cană usturoi tocat uscat
1 lingura sare grunjoasa
INSTRUCȚIUNI

Urmați aceleași INSTRUCȚIUNI ca și Croissant-urile clasice cu semințe de susan, dar în loc de doar susan sau mac, amestecați semințele de susan, mac, ceapa uscată, usturoi uscat și sare grunjoasă.

74. <u>Croissant cu semințe de in</u>

INGREDIENTE

1 1/2 cani de faina universala
1 1/2 linguriță drojdie uscată activă
1/4 cană zahăr granulat
1/2 lingurita sare
2/3 cană lapte cald
1/2 cană unt nesărat, înmuiat
1 ou, batut
1/2 cană semințe de in
INSTRUCȚIUNI

Într-un castron mare, combinați făina, drojdia, zahărul și sarea. Amesteca bine.

Adăugați laptele cald și untul înmuiat în bol și amestecați până se formează un aluat.

Framantam aluatul pe o suprafata tapata cu faina timp de aproximativ 10 minute, pana se omogenizeaza si elastic.

Pune aluatul într-un bol uns cu unt, acoperim cu o cârpă umedă și lasă-l la crescut la loc cald timp de aproximativ 1 oră.

Preîncălziți cuptorul la 375°F (190°C).

Întindeți aluatul pe o suprafață cu făină într-un dreptunghi, de aproximativ 1/4 inch grosime.

Tăiați aluatul în triunghiuri și rulați fiecare triunghi într-o formă de croissant.

Asezati croissantele pe o tava tapetata cu hartie de copt.

Ungeți cornurile cu oul bătut, iar deasupra presărați semințe de in.

Coaceți timp de 15-20 de minute, sau până când se rumenesc.

75. Croissant cu semințe de floarea soarelui

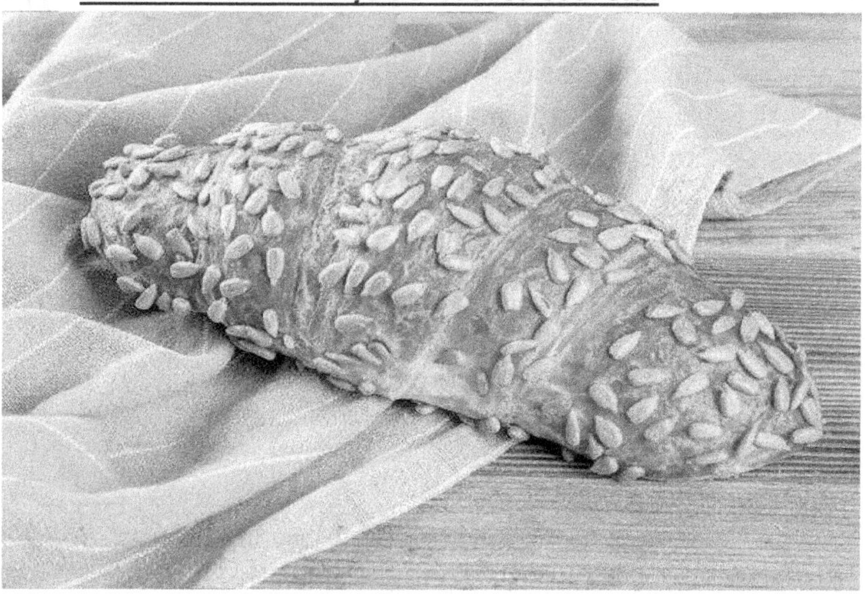

INGREDIENTE

1 1/2 cani de faina universala
1 1/2 linguriță drojdie uscată activă
1/4 cană zahăr granulat
1/2 lingurita sare
2/3 cană lapte cald
1/2 cană unt nesărat, înmuiat
1 ou, batut
1/2 cană semințe de floarea soarelui
INSTRUCȚIUNI

Urmați aceleași INSTRUCȚIUNI ca și Croissant-urile clasice cu semințe de susan, dar presărați semințe de floarea soarelui deasupra oului bătut înainte de a-l unge pe cornuri.

76. <u>Croissant cu semințe de dovleac</u>

INGREDIENTE

1 1/2 cani de faina universala
1 1/2 linguriță drojdie uscată activă
1/4 cană zahăr granulat
1/2 lingurita sare
2/3 cană lapte cald
1/2 cană unt nesărat, înmuiat
1 ou, batut
1/2 cană semințe de dovleac
INSTRUCȚIUNI

Urmați aceleași INSTRUCȚIUNI ca și Croissanturile Clasice cu Semințe de Susan, dar presărați semințele de dovleac deasupra oului bătut înainte de a-l unge pe cornuri.

77. <u>Croissant cu semințe de susan negru</u>

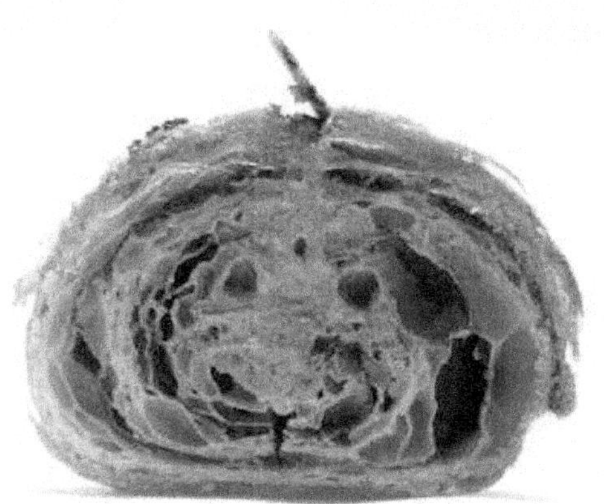

INGREDIENTE

1 1/2 cani de faina universala
1 1/2 linguriță drojdie uscată activă
1/4 cană zahăr granulat
1/2 lingurita sare
2/3 cană lapte cald
1/2 cană unt nesărat, înmuiat
1 ou, batut
1/2 cană semințe de susan negru
INSTRUCȚIUNI

Urmați aceleași INSTRUCȚIUNI ca și Croissant-urile clasice cu semințe de susan, dar folosiți semințe de susan negru în loc de semințe de susan obișnuite.

78. <u>Croissant cu semințe de cânepă</u>

INGREDIENTE

1 1/2 cani de faina universala
1 1/2 linguriță drojdie uscată activă
1/4 cană zahăr granulat
1/2 lingurita sare
2/3 cană lapte cald
1/2 cană unt nesărat, înmuiat
1 ou, batut
1/2 cană semințe de cânepă

INSTRUCȚIUNI

Urmați aceleași INSTRUCȚIUNI ca și Croissanturile Clasice cu Semințe de Susan, dar presărați semințe de cânepă deasupra oului bătut înainte de a-l unge pe cornuri.

79. Croissant cu mai multe seminţe

INGREDIENTE

1 1/2 cani de faina universala
1 1/2 linguriță drojdie uscată activă
1/4 cană zahăr granulat
1/2 lingurita sare
2/3 cană lapte cald
1/2 cană unt nesărat, înmuiat
1 ou, batut
1/4 cană semințe de susan
1/4 cană semințe de mac
1/4 cană semințe de dovleac
1/4 cană semințe de floarea soarelui

INSTRUCȚIUNI

Urmați aceleași INSTRUCȚIUNI ca și Croissants Everything Bagel, dar folosiți un amestec de susan, mac, dovleac și floarea soarelui în loc de ceapă și usturoi uscate.

80. Croissant cu semințe de chia

INGREDIENTE

1 1/2 cani de faina universala
1 1/2 linguriță drojdie uscată activă
1/4 cană zahăr granulat
1/2 lingurita sare
2/3 cană lapte cald
1/2 cană unt nesărat, înmuiat
1 ou, batut
1/2 cană semințe de chia
INSTRUCȚIUNI

Urmați aceleași INSTRUCȚIUNI ca și Croissanturile Clasice cu Semințe de Susan, dar presărați semințe de chia deasupra oului bătut înainte de a-l unge pe cornuri.

81. <u>Croissant cu semințe de quinoa</u>

INGREDIENTE

1 1/2 cani de faina universala
1 1/2 linguriță drojdie uscată activă
1/4 cană zahăr granulat
1/2 lingurita sare
2/3 cană lapte cald
1/2 cană unt nesărat, înmuiat
1 ou, batut
1/2 cană semințe de quinoa
INSTRUCȚIUNI

Urmați aceleași INSTRUCȚIUNI ca și Croissant-urile clasice cu semințe de susan, dar presărați semințe de quinoa deasupra oului bătut înainte de a-l unge pe cornuri.

82. <u>Croissant cu semințe de chimen</u>

INGREDIENTE

1 1/2 cani de faina universala
1 1/2 linguriță drojdie uscată activă
1/4 cană zahăr granulat
1/2 lingurita sare
2/3 cană lapte cald
1/2 cană unt nesărat, înmuiat
1 ou, batut
1/2 cană semințe de chimen
INSTRUCȚIUNI

Urmați aceleași INSTRUCȚIUNI ca și Croissant-urile clasice cu semințe de susan, dar folosiți semințe de chimen în loc de semințe de susan.

Umpluturi dulci

83. <u>Croissante cu plăcintă de dovleac</u>

INGREDIENTE

1 foaie de aluat foietaj, decongelat
1/2 cană piure de dovleac
1/4 cană zahăr brun
1 lingurita scortisoara macinata
1/4 lingurita nucsoara macinata
1/4 lingurita de ghimbir macinat
1/4 lingurita sare
1 ou, batut
Zahăr pudră, pentru pudrat

INSTRUCȚIUNI

Preîncălziți cuptorul la 400°F (200°C).

Într-un castron mic, combinați piureul de dovleac, zahărul brun, scorțișoara, nucșoara, ghimbirul și sarea. Amesteca bine.

Desfaceți foaia de foietaj pe o suprafață ușor făinată. Tăiați foaia în 6 triunghiuri.

Pune o lingură de amestec de dovleac pe capătul lat al fiecărui triunghi.

Rulați aluatul, pornind de la capătul lat și împingând părțile laterale pe măsură ce mergeți.

Puneți cornurile pe o tavă tapetată.

Ungeți oul bătut peste cornuri.

Coaceți 15-20 de minute sau până când cornurile devin maro auriu. Se scot din cuptor si se lasa sa se raceasca cateva minute inainte de a se pudra cu zahar pudra.

Serviți cald și bucurați-vă!

84. <u>Croissant cu inghetata</u>

INGREDIENTE

1 foaie de aluat foietaj, decongelat
1 litru de înghețată preferată, înmuiată
1 ou, batut
Sos de ciocolata, pentru topping (optional)
Zahăr pudră, pentru pudrat (opțional)

INSTRUCȚIUNI

Preîncălziți cuptorul la 400°F (200°C).

Pe o suprafață ușor făinată, întindeți foaia de foietaj la aproximativ 1/8 inch grosime.

Tăiați foaia de foietaj în 6 dreptunghiuri.

Pune o lingură generoasă de înghețată moale pe jumătate din fiecare dreptunghi.

Îndoiți cealaltă jumătate de foietaj peste înghețată și apăsați marginile împreună pentru a sigila.

Ungeți oul bătut deasupra fiecărui croissant cu înghețată.

Puneți cornurile pe o tavă de copt tapetată și coaceți timp de 15-20 de minute sau până se rumenesc.

Scoateți croissantele din cuptor și lăsați să se răcească câteva minute.

Stropiți cu sos de ciocolată și pudrați cu zahăr pudră, dacă doriți.

Serviți imediat și bucurați-vă!

85. <u>Croissant cu mere</u>

INGREDIENTE

1 foaie de aluat foietaj, decongelat
2 mere medii, curatate de coaja si tocate marunt
2 linguri de unt nesarat
2 linguri de zahar brun
1 lingurita scortisoara macinata
1/4 lingurita nucsoara macinata
1/4 lingurita sare
1 ou, batut
Zahăr pudră, pentru pudrat (opțional)

INSTRUCȚIUNI

Preîncălziți cuptorul la 400°F (200°C).
Într-o tigaie mare, topește untul la foc mediu.
Adauga merele tocate, zaharul brun, scortisoara, nucsoara si sare in tigaie. Gatiti 5-7 minute sau pana cand merele sunt fragede.
Pe o suprafață ușor făinată, întindeți foaia de foietaj la aproximativ 1/8 inch grosime.
Tăiați foaia de foietaj în 6 triunghiuri.
Pune o lingură generoasă de amestec de mere pe capătul lat al fiecărui triunghi.
Rulați aluatul, pornind de la capătul lat și împingând părțile laterale pe măsură ce mergeți.
Puneți cornurile pe o tavă tapetată.
Ungeți oul bătut peste cornuri.
Coaceți 15-20 de minute sau până când cornurile devin maro auriu.
Scoateți din cuptor și lăsați să se răcească câteva minute înainte de a pudra cu zahăr pudră, dacă doriți.
Serviți cald și bucurați-vă!

86. <u>Cupe cu unt de arahide Croissant</u>

INGREDIENTE
1 foaie de aluat foietaj, decongelat
1/2 cană unt de arahide cremos
1/4 cană zahăr pudră
1/4 lingurita sare
1/2 cană chipsuri de ciocolată
1 ou, batut
INSTRUCȚIUNI

Preîncălziți cuptorul la 400°F (200°C).

Într-un castron mic, combinați untul de arahide, zahărul pudră și sarea. Amesteca bine.

Desfaceți foaia de foietaj pe o suprafață ușor făinată. Tăiați foaia în 6 triunghiuri.

Pune o lingură de amestec de unt de arahide pe capătul lat al fiecărui triunghi.

Presărați fulgi de ciocolată peste amestecul de unt de arahide.

Rulați aluatul, pornind de la capătul lat și împingând părțile laterale pe măsură ce mergeți.

Puneți cornurile pe o tavă tapetată.

Ungeți oul bătut peste cornuri.

Coaceți 15-20 de minute sau până când cornurile devin maro auriu.

Scoateți din cuptor și lăsați să se răcească câteva minute înainte de servire.

87. <u>Croissant cu umplutură de nuci pecan</u>

INGREDIENTE

1 foaie de aluat foietaj, decongelat
1 cană nuci pecan tocate
1/2 cană zahăr brun
1/4 cana unt nesarat, topit
1 lingurita extract de vanilie
1/4 lingurita sare
1 ou, batut
Zahăr pudră, pentru pudrat (opțional)

INSTRUCȚIUNI

Preîncălziți cuptorul la 400°F (200°C).

Într-un castron mediu, amestecați nucile pecan tocate, zahărul brun, untul topit, extractul de vanilie și sarea.

Desfaceți foaia de foietaj pe o suprafață ușor făinată. Tăiați foaia în 6 triunghiuri.

Pune o lingură de umplutură de nuci pecan pe capătul lat al fiecărui triunghi.

Rulați aluatul, pornind de la capătul lat și împingând părțile laterale pe măsură ce mergeți.

Puneți cornurile pe o tavă tapetată.

Ungeți oul bătut peste cornuri.

Coaceți 15-20 de minute sau până când cornurile devin maro auriu.

Scoateți din cuptor și lăsați să se răcească câteva minute înainte de a pudra cu zahăr pudră, dacă doriți. Serviți cald și bucurați-vă!

88. <u>Croissant cu unt de arahide și jeleu</u>

INGREDIENTE

1 foaie de aluat foietaj, decongelat
1/2 cană unt de arahide cremos
1/2 cană jeleu (aroma ta preferată)
1 ou, batut

INSTRUCȚIUNI

Preîncălziți cuptorul la 400°F (200°C).

Pe o suprafață ușor făinată, întindeți foaia de foietaj la aproximativ 1/8 inch grosime.

Tăiați foaia de foietaj în 6 triunghiuri.

Întindeți o lingură de unt de arahide pe capătul lat al fiecărui triunghi.

Adăugați o lingură de jeleu deasupra untului de arahide.

Rulați aluatul, pornind de la capătul lat și împingând părțile laterale pe măsură ce mergeți.

Puneți cornurile pe o tavă tapetată.

Ungeți oul bătut peste cornuri.

Coaceți 15-20 de minute sau până când cornurile devin maro auriu.

Scoateți din cuptor și lăsați să se răcească câteva minute înainte de servire.

89. Croissant cu fructe de padure si crema

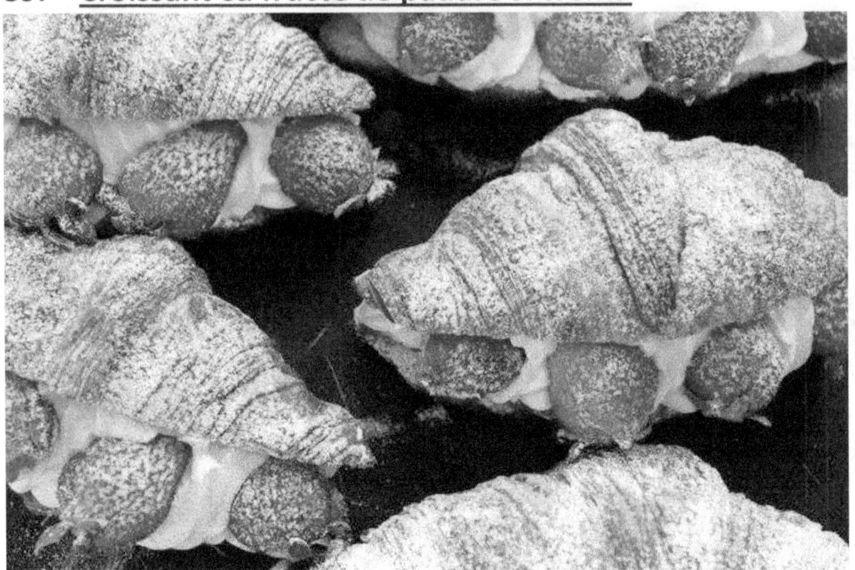

INGREDIENTE

1 foaie de aluat foietaj, decongelat
1/2 cană smântână groasă
2 linguri de zahar
1/2 lingurita extract de vanilie
1 cană de fructe de padure amestecate (cum ar fi căpșuni, afine și zmeură)
1 ou, batut
Zahăr pudră, pentru pudrat (opțional)

INSTRUCȚIUNI

Preîncălziți cuptorul la 400°F (200°C).

Într-un castron mediu, amestecați smântâna groasă, zahărul și extractul de vanilie până se formează vârfuri tari.

Desfaceți foaia de foietaj pe o suprafață ușor făinată. Tăiați foaia în 6 triunghiuri.

Pune o lingură de frișcă pe capătul lat al fiecărui triunghi.

Adauga cateva fructe de padure amestecate deasupra frisca.

Rulați aluatul, pornind de la capătul lat și împingând părțile laterale pe măsură ce mergeți.

Puneți cornurile pe o tavă tapetată.

Ungeți oul bătut peste cornuri.

Coaceți 15-20 de minute sau până când cornurile devin maro auriu.

Scoateți din cuptor și lăsați să se răcească câteva minute înainte de a pudra cu zahăr pudră, dacă doriți.

Serviți cald și bucurați-vă!

90. <u>Croissant cu fructe și Nutella</u>

INGREDIENTE

1 foaie de aluat foietaj, decongelat
1/2 cană Nutella
1 cană de fructe amestecate (cum ar fi banane feliate, căpșuni și kiwi)
1 ou, batut
Zahăr pudră, pentru pudrat (opțional)
INSTRUCȚIUNI
Preîncălziți cuptorul la 400°F (200°C).
Desfaceți foaia de foietaj pe o suprafață ușor făinată. Tăiați foaia în 6 triunghiuri.
Întindeți o lingură de Nutella pe capătul lat al fiecărui triunghi.
Adăugați câteva bucăți de fructe amestecate deasupra Nutella.
Rulați aluatul, pornind de la capătul lat și împingând părțile laterale pe măsură ce mergeți.
Puneți cornurile pe o tavă tapetată.
Ungeți oul bătut peste cornuri.
Coaceți 15-20 de minute sau până când cornurile devin maro auriu.
Scoateți din cuptor și lăsați să se răcească câteva minute înainte de a pudra cu zahăr pudră, dacă doriți.
Serviți cald și bucurați-vă!

91. **Croissant brie și gem**

INGREDIENTE

1 foaie de aluat foietaj, decongelat
1/2 cană brânză Brie, feliată subțire
1/4 cană gem (aroma ta preferată)
1 ou, batut

INSTRUCȚIUNI

Preîncălziți cuptorul la 400°F (200°C).

Pe o suprafață ușor făinată, întindeți foaia de foietaj la aproximativ 1/8 inch grosime.

Tăiați foaia de foietaj în 6 triunghiuri.

Pune câteva felii de brânză Brie pe capătul lat al fiecărui triunghi.

Adăugați o lingură de dulceață deasupra brânzei Brie.

Rulați aluatul, pornind de la capătul lat și împingând părțile laterale pe măsură ce mergeți.

Puneți cornurile pe o tavă tapetată.

Ungeți oul bătut peste cornuri.

Coaceți 15-20 de minute sau până când cornurile devin maro auriu.

Scoateți din cuptor și lăsați să se răcească câteva minute înainte de servire.

Umpluturi delicioase

92. <u>Hotdogs Croissants</u>

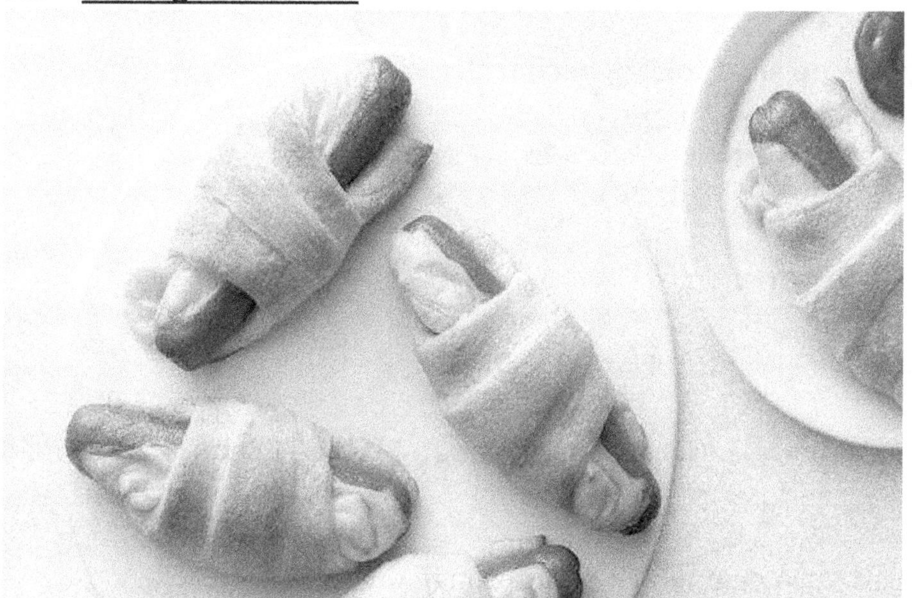

INGREDIENTE

1 foaie de aluat foietaj, decongelat
4 hotdogs
1/4 cană ketchup
1/4 cană muștar
1 ou, batut
INSTRUCȚIUNI

Preîncălziți cuptorul la 400°F (200°C).

Pe o suprafață ușor făinată, întindeți foaia de foietaj la aproximativ 1/8 inch grosime.

Tăiați foaia de foietaj în 4 dreptunghiuri.

Întindeți o lingură de ketchup și muștar pe fiecare dreptunghi.

Puneți un hotdog la un capăt al fiecărui dreptunghi.

Rulați aluatul în jurul hotdog-ului, împingând părțile laterale pe măsură ce mergeți.

Puneți cornurile pe o tavă tapetată.

Ungeți oul bătut peste cornuri.

Coaceți 15-20 de minute sau până când cornurile devin maro auriu.

Scoateți din cuptor și lăsați să se răcească câteva minute înainte de servire.

93. Croissante cu bacon

INGREDIENTE

1 foaie de aluat foietaj, decongelat
8 felii de bacon, fierte si tocate
1/2 cană brânză cheddar mărunțită
1 ou, batut
INSTRUCȚIUNI

Preîncălziți cuptorul la 400°F (200°C).

Pe o suprafață ușor făinată, întindeți foaia de foietaj la aproximativ 1/8 inch grosime.

Tăiați foaia de foietaj în 4 dreptunghiuri.

Presărați baconul tocat și brânza cheddar mărunțită pe fiecare dreptunghi.

Rulați aluatul, pornind de la un capăt și împingând părțile laterale pe măsură ce mergeți.

Puneți cornurile pe o tavă tapetată.

Ungeți oul bătut peste cornuri.

Coaceți 15-20 de minute sau până când cornurile devin maro auriu.

Scoateți din cuptor și lăsați să se răcească câteva minute înainte de servire.

94. <u>Croissant cu pui cu parmezan</u>

INGREDIENTE

1 foaie de aluat foietaj, decongelat
1 cană de pui fiert, mărunțit sau tăiat cubulețe
1/2 cană sos marinara
1/2 cană brânză mozzarella mărunțită
1/4 cană parmezan ras
1 ou, batut

INSTRUCȚIUNI

Preîncălziți cuptorul la 400°F (200°C).

Pe o suprafață ușor făinată, întindeți foaia de foietaj la aproximativ 1/8 inch grosime.

Tăiați foaia de foietaj în 4 dreptunghiuri.

Întindeți o lingură de sos marinara pe fiecare dreptunghi.

Adăugați o mână de pui mărunțit pe fiecare dreptunghi.

Deasupra presara branza mozzarella tocata si parmezan ras.

Rulați aluatul, pornind de la un capăt și împingând părțile laterale pe măsură ce mergeți.

Puneți cornurile pe o tavă tapetată.

Ungeți oul bătut peste cornuri.

Coaceți 15-20 de minute sau până când cornurile devin maro auriu.

Scoateți din cuptor și lăsați să se răcească câteva minute înainte de servire.

95. <u>Chiftele Croissante</u>

INGREDIENTE

1 foaie de aluat foietaj, decongelat
12-16 chiftele mici, fierte
1/2 cană sos marinara
1/2 cană brânză mozzarella mărunțită
1/4 cană parmezan ras
1 ou, batut
INSTRUCȚIUNI
Preîncălziți cuptorul la 400°F (200°C).
Pe o suprafață ușor făinată, întindeți foaia de foietaj la aproximativ 1/8 inch grosime.
Tăiați foaia de foietaj în 4 dreptunghiuri.
Întindeți o lingură de sos marinara pe fiecare dreptunghi.
Pune 3-4 chiftele fierte pe fiecare dreptunghi.
Deasupra presara branza mozzarella tocata si parmezan ras.
Rulați aluatul, pornind de la un capăt și împingând părțile laterale pe măsură ce mergeți.
Puneți cornurile pe o tavă tapetată.
Ungeți oul bătut peste cornuri.
Coaceți 15-20 de minute sau până când cornurile devin maro auriu.
Scoateți din cuptor și lăsați să se răcească câteva minute înainte de servire.

96. <u>Croissant cu pepperoni</u>

INGREDIENTE

1 foaie de aluat foietaj, decongelat
1/2 cană sos marinara
1/2 cană brânză mozzarella mărunțită
1/4 cană parmezan ras
24 de felii de pepperoni
1 ou, batut

INSTRUCȚIUNI

Preîncălziți cuptorul la 400°F (200°C).

Pe o suprafață ușor făinată, întindeți foaia de foietaj la aproximativ 1/8 inch grosime.

Tăiați foaia de foietaj în 4 dreptunghiuri.

Întindeți o lingură de sos marinara pe fiecare dreptunghi.

Pune 6 felii de pepperoni pe fiecare dreptunghi.

Deasupra presara branza mozzarella tocata si parmezan ras.

Rulați aluatul, pornind de la un capăt și împingând părțile laterale pe măsură ce mergeți.

Puneți cornurile pe o tavă tapetată.

Ungeți oul bătut peste cornuri.

Coaceți 15-20 de minute sau până când cornurile devin maro auriu.

Scoateți din cuptor și lăsați să se răcească câteva minute înainte de servire.

 Croissant pesto

INGREDIENTE

1 foaie de aluat foietaj, decongelat
1/2 cană sos pesto
1/2 cană brânză mozzarella măruntită
1/4 cană parmezan ras
1 ou, batut
INSTRUCȚIUNI

Preîncălziți cuptorul la 400°F (200°C).

Pe o suprafață ușor făinată, întindeți foaia de foietaj la aproximativ 1/8 inch grosime.

Tăiați foaia de foietaj în 4 dreptunghiuri.

Întindeți o lingură de sos pesto pe fiecare dreptunghi.

Deasupra presara branza mozzarella tocata si parmezan ras.

Rulați aluatul, pornind de la un capăt și împingând părțile laterale pe măsură ce mergeți.

Puneți cornurile pe o tavă tapetată.

Ungeți oul bătut peste cornuri.

Coaceți 15-20 de minute sau până când cornurile devin maro auriu.

Scoateți din cuptor și lăsați să se răcească câteva minute înainte de servire.

 <u>Croissant cu ceapă caramelizată și brânză de capră</u>

INGREDIENTE

1 foaie de aluat foietaj, decongelat
2 cepe medii, feliate subțiri
2 linguri de unt nesarat
1 lingura zahar brun
1/4 lingurita sare
4 oz brânză de capră, mărunțită
1 ou, batut

INSTRUCȚIUNI

Preîncălziți cuptorul la 400°F (200°C).

Pe o suprafață ușor făinată, întindeți foaia de foietaj la aproximativ 1/8 inch grosime.

Tăiați foaia de foietaj în 4 dreptunghiuri.

Intr-o tigaie la foc mediu, topim untul si adaugam ceapa taiata felii.

Fierbeți ceapa aproximativ 10-15 minute sau până când se caramelizează.

Presărați zahăr brun și sare peste ceapă și continuați să gătiți încă 1-2 minute.

Întindeți uniform ceapa caramelizată peste fiecare dreptunghi de aluat foietaj.

Presărați brânză de capră mărunțită peste ceapă.

Rulați aluatul, pornind de la un capăt și împingând părțile laterale pe măsură ce mergeți.

Puneți cornurile pe o tavă tapetată.

Ungeți oul bătut peste cornuri.

Coaceți 15-20 de minute sau până când cornurile devin maro auriu.

Scoateți din cuptor și lăsați să se răcească câteva minute înainte de servire.

99. <u>Croissant cu mozzarella și busuioc</u>

INGREDIENTE

1 foaie de aluat foietaj, decongelat
4 oz brânză mozzarella proaspătă, feliată
1/4 cană busuioc proaspăt tocat
1 ou, batut
Sare si piper, dupa gust

INSTRUCȚIUNI

Preîncălziți cuptorul la 400°F (200°C).

Pe o suprafață ușor făinată, întindeți foaia de foietaj la aproximativ 1/8 inch grosime.

Tăiați foaia de foietaj în 4 dreptunghiuri.

Asezati cateva felii de branza mozzarella pe fiecare dreptunghi.

Presărați busuioc proaspăt tocat peste brânză.

Se condimenteaza cu sare si piper dupa gust.

Rulați aluatul, pornind de la un capăt și împingând părțile laterale pe măsură ce mergeți.

Puneți cornurile pe o tavă tapetată.

Ungeți oul bătut peste cornuri.

Coaceți 15-20 de minute sau până când cornurile devin maro auriu.

Scoateți din cuptor și lăsați să se răcească câteva minute înainte de servire.

100. <u>Croissant cu usturoi şi brânză</u>

INGREDIENTE

1 foaie de aluat foietaj, decongelat
4 catei de usturoi, tocati
1/4 cană parmezan ras
1/4 cană brânză cheddar rasă
1 ou, batut
Sare si piper, dupa gust

INSTRUCȚIUNI

Preîncălziți cuptorul la 400°F (200°C).

Pe o suprafață ușor făinată, întindeți foaia de foietaj la aproximativ 1/8 inch grosime.

Tăiați foaia de foietaj în 4 dreptunghiuri.

Într-un castron mic, amestecați usturoiul tocat, parmezanul și brânza cheddar.

Presărați uniform amestecul de usturoi și brânză peste fiecare dreptunghi de aluat foietaj.

Se condimenteaza cu sare si piper dupa gust.

Rulați aluatul, pornind de la un capăt și împingând părțile laterale pe măsură ce mergeți.

Puneți cornurile pe o tavă tapetată.

Ungeți oul bătut peste cornuri.

Coaceți 15-20 de minute sau până când cornurile devin maro auriu.

Scoateți din cuptor și lăsați să se răcească câteva minute înainte de servire.

CONCLUZIE

Sperăm că v-a plăcut această carte de bucate cu croissante şi că v-a inspirat să încercaţi să faceţi aceste produse de patiserie delicioase acasă. Cu ingredientele şi tehnicile potrivite, oricine poate face croissante la fel de bune (dacă nu mai bune) decât cele pe care le-ai găsi la o brutărie franceză. Aşadar, indiferent dacă faceţi croissante pentru micul dejun, brunch sau o ocazie specială, suntem încrezători că această carte de bucate vă va ajuta să creaţi lotul perfect de fiecare dată. Coacerea fericită!